GW01605328

LE COSTUME, L'ARMURE ET LES ARMES AU TEMPS DE LA CHEVALERIE

DES MÊMES AUTEURS, DANS LA MÊME COLLECTION :

Le Costume et les Armes des soldats de tous les temps

Tome 1 : Des Pharaons à Louis XV
Tome 2 : De Frédéric II à nos jours

L'Uniforme et les Armes des soldats du premier Empire

Tome 1 : Des régiments de ligne français
aux troupes britanniques, prussiennes et espagnoles
Tome 2 : De la Garde impériale
aux troupes alliées, suédoises, autrichiennes et russes

L'Uniforme et les Armes des soldats de la guerre 1914-1918

Tome 1 : Infanterie - Blindés - Aviation
Tome 2 : Cavalerie - Artillerie - Génie - Marine

L'Uniforme et les Armes des soldats de la guerre 1939-1945

Tome 1 : France, Allemagne, Autriche, U.R.S.S., Tchécoslovaquie,
Pologne, Belgique, 1933-1941
Infanterie - Cavalerie - Blindés - Aviation

Tome 2 : Grande-Bretagne, Allemagne, France, Italie,
Finlande, Norvège, Croatie, Slovaquie,
Bohême-Moravie, légions russes, 1939-1943
Infanterie - Cavalerie - Blindés - Aviation - Marine

Tome 3 : États-Unis, Japon, Chine - Évolution des grandes armées 1943-1945
France libre, Milice, volontaires en Grande-Bretagne
Danemark, Pays-Bas, États balkaniques et danubiens
Parachutistes, commandos, artillerie, engins balistiques, sous-marins

L'Uniforme et les Armes des soldats de la guerre en dentelle

Tome 1 : France : maison du roi et infanterie sous Louis XV et Louis XVI
Grande-Bretagne et Prusse : infanterie (1700 à 1800)

Tome 2 : 1700-1800 - France, Grande-Bretagne et Prusse : cavalerie et artillerie
Autres pays : infanterie, cavalerie, artillerie

Le Costume, l'Armure et les Armes au temps de la chevalerie

Tome 1 : Du huitième au quinzième siècle

À paraître :

L'Uniforme et les Armes des soldats des États-Unis

Les guerres d'Indépendance, de Sécession, du Mexique
L'épopée du Far-West
Tome 1 : L'infanterie et la marine
Tome 2 : La cavalerie et l'artillerie

ISBN 2-203-14319-3

H

liliane et fred funcken

LE COSTUME, L'ARMURE ET LES ARMES AU TEMPS DE LA CHEVALERIE

2 le siècle de la Renaissance

casterman

AVANT-PROPOS

Avec ce second tome de la Chevalerie, treizième de notre encyclopédie militaire, se poursuit l'exposé de tout le harnois guerrier de la fin du Moyen Âge et de la Renaissance.

D'importants chapitres, tels ceux relatifs aux épées, au harnachement, aux éperons, remontent aux origines et englobent l'évolution de ces éléments depuis le haut Moyen Âge jusqu'au début du XVIIe *siècle.*

Une fois de plus, l'examen approfondi de milliers de documents iconographiques ou manuscrits et d'innombrables pièces de collection nous a menés à des conclusions différentes des opinions généralement admises, et parfois même opposées. Dans chacun des cas, nous avons étayé notre interprétation par un exposé aussi précis que possible de nos arguments. Le lecteur ne devra pas y voir la moindre volonté réformatrice mais bien une modeste contribution à une meilleure connaissance de ce vaste et passionnant sujet. Le temps passé à la sélection et à l'exécution des quelque seize cents dessins illustrant ces deux volumes nous a permis de découvrir mille détails qui avaient, de prime abord, échappé à notre attention.

La lecture, souvent fastidieuse avouons-le, des textes et des mémoires anciens nous a fourni beaucoup de pièces manquantes du véritable puzzle qui compose un travail tel que celui-ci.

C'est ainsi que nous avons pu reconstituer pour la première fois l'image exacte des farouches combattants suisses tout au long de leur irrésistible ascension vers la gloire, de Morgarten en 1315 jusqu'à leur triomphe sur le « grand duc d'Occident » et leur inévitable déclin.

C'est avec stupéfaction que nous avons découvert le malicieux « démon des culottes » qui poussa les truculents lansquenets à leurs outrances vestimentaires.

Impressionnés et inspirés par les « arbres généalogiques » des Américains Bashford Dean et Stephen V. Grancsay, découverts en 1948 dans le prodigieux Book of Costume *de Millia Davenport, nous avons groupé par série de planches les casques, épées, armures, etc., afin de donner une idée aussi précise que possible de leur évolution chronologique. Le nombre considérable de modèles que nous représentons ne nous a toutefois pas permis la saisissante synthèse des deux maîtres du Metropolitan Museum de New York, dont le lecteur curieux consultera avec intérêt les étonnants tableaux.*

Il n'est peut-être pas superflu de rappeler ici que notre but essentiel est de satisfaire l'intérêt de lecteurs de tous âges pour les grandes époques de l'histoire militaire mondiale et de leur fournir une documentation abondante susceptible de guider leur curiosité vers les ouvrages scientifiques.

Liliane et Fred Funcken.

PREMIÈRE PARTIE

L'INFANTERIE, REINE DES BATAILLES

Les Suisses

Morgarten

À la fin du XIVe siècle, au moment où s'éteignait l'éclat fugitif des milices communales[1], une petite nation possédait une infanterie redoutable. Née près d'un siècle plus tôt de la confédération, en 1291, des trois cantons forestiers — les Waldstätten d'Uri, de Schwyz et d'Unterwald —, face à l'empire des Habsbourg, la première infanterie suisse avait affronté les chevaliers autrichiens seize ans plus tard, en 1315, au défilé de Morgarten.

Étirée sur plus d'un kilomètre de long, l'orgueilleuse chevalerie de Léopold 1er[2] s'était imprudemment enfoncée dans un défilé des hauteurs duquel « les pâtres des Alpes » avaient écrasé l'envahisseur par une avalanche de rocs et de troncs d'arbres, anéantissant les trois quarts des deux mille chevaliers, tandis que l'infanterie levée à Zoug et à Zurich par le duc déguerpissait sans demander son reste.

Sempach

Le duc d'Autriche Léopold[3], ulcéré par les cuisantes défaites essuyées par sa maison dans ses luttes contre les Suisses, n'eut aucune peine à rallier la noblesse de Souabe et d'Argovie et à rallumer la guerre en 1386 contre les cantons confédérés auxquels s'étaient ajoutés Lucerne, Zurich, Glaris et Zoug. Berne, secourue par les Waldstätten en 1339, à Laupen, contre l'aristocratie féodale du Jura et du pays de Vaud, invoqua habilement une foule de bonnes raisons pour ne pas se joindre à ses sauveurs. L'historien suisse Müller, quoique parfaitement équitable, a écrit : « Quand on considère ce que les Bernois firent à cette époque, avant et après la déclaration de guerre, on peut vanter l'habileté avec laquelle ils ont acquis des seigneuries; mais la bataille de Sempach manquera toujours à leur gloire. »

Une expédition audacieuse contre la ville de Rothenbourg par un « commando » de jeunes Lucernois, excédés par les exactions de l'avide Hermann Grimm de Grünenberg, mit le feu aux poudres; Léopold qui rentrait précisément en vainqueur de l'Alsace résolut d'anéantir l'insolente confédération. Celle-ci, en douze jours, ne reçut pas moins de cinquante-trois déclarations de guerre!

Le duc et ses alliés, une armée de quatre mille combattants — chevaliers et fantassins mercenaires —, s'emparèrent de Reichensee dont ils massacrèrent intégralement la population, puis foncèrent vers la haute Argovie pour surprendre Lucerne et les cantons forestiers alors que les révoltés les attendaient devant Zurich. Ayant compris leur erreur, les Suisses coururent aussitôt défendre leur pays menacé et se postèrent, le 9 juillet 1386, dans une forêt dominant le lac de Sempach.

1. Voir le tome Ier, légendes de la page 114.
2. Léopold Ier de Habsbourg, dit le Glorieux, 1290-1326.
3. Petit-fils du vaincu de Morgarten, Léopold III de Habsbourg était né en 1351; il allait mourir à Sempach.

L'INFANTERIE SUISSE VERS 1500

Apparue à la fin du XIVe siècle, au moment où déclinait la puissance des milices communales de Flandre, l'infanterie suisse allait servir de modèle à l'Europe entière. Tenant à la fois de la phalange grecque par leur formation en carré et de la légion par leurs trois rangs de piques, les fantassins des cantons confédérés bouleversèrent la tactique de la guerre féodale. La charge au pas cadencé de ces soldats unis et disciplinés, qui se déroulait dans le plus total silence, devait être un spectacle particulièrement impressionnant. Les blessés n'avaient pas le droit de quitter le combat, ni même de se plaindre, et les lâches étaient immédiatement abattus par leurs voisins.

Les deux premiers étendards à partir de la gauche sont de Schwyz; viennent ensuite ceux de Nidwald, d'Uri et de Berne.

L & F
FUNCKEN

Léopold, se souvenant peut-être des leçons de Crécy et de Poitiers ou dédaignant de charger à cheval d'aussi misérables adversaires, fit mettre pied à terre à ses chevaliers, qui tinrent leurs longues lances en arrêt.

Le contraste avec les Helvètes — douze cents hommes en tout — était saisissant. L'arme la plus usitée était la hallebarde adoptée à Laupen, où elle avait eu raison de quatre-vingts barons et de plusieurs centaines de gendarmes. D'armure point : la rusticité des montagnards ne s'accordait guère avec les pesants et coûteux harnois, et ils mettaient leur amour-propre à ne point porter de fer, si ce n'est au bout de leurs armes. Un pourpoint très serré et des chausses collantes où dominait le rouge « écartelé » de bleu, de vert ou de blanc constituaient — avec une sorte de béret basque en laine frisée, plus ou moins emplumé — tout leur habillement. Comme arme défensive, le premier rang avait, attachée au bras gauche, une planchette ou une fascine de branchages.

La phalange serrée des féodaux attendit l'attaque, les lances braquées de ses quatre premiers rangs formant une herse infranchissable. Le baron de Hasenbourg, vieux guerrier expérimenté, avait entre-temps jaugé les assaillants et fait part de ses inquiétudes. Il ne recueillit qu'une tempête de protestations et l'inévitable amateur de calembours de la compagnie de crier : *Hasenburg, Hasenherz!* — château de lièvre, cœur de lièvre.

Après une courte prière, les Suisses, par impétuosité ou par tactique, se ruèrent, formés en coins contre la muraille de fer ennemie. Ils s'y brisèrent littéralement, perdant au premier choc une soixantaine de Lucernois dont leur chef, l'avoyer[1] Petermann de Gundoldingen.

C'est alors qu'un homme du pays d'Unterwald, Arnold Strutthan de Winkelried, se sacrifia et, saisissant dans ses bras toutes les lances qu'il pouvait, neutralisa quelques instants une fraction de la défense adverse. Ce qui permit à ses compagnons d'y faire la brèche décisive[2]. Les hallebardes, maniées avec vigueur et dextérité, massacrèrent les chevaliers alourdis par leurs inutiles armures et embarrassés par leurs lances trop longues pour le corps-à-corps. Désunis, affolés, ils cédèrent à la panique et réclamèrent leurs chevaux, mais leurs écuyers avaient fui à bride abattue.

La défaite se mua en désastre. Léopold et la plupart des illustres seigneurs de son ost périrent dans le carnage. Son vœu se trouvait d'une certaine manière exaucé, car n'avait-il pas précisément déclaré : « Je veux vaincre ou mourir sur mon héritage ! »

Une fois de plus, l'orgueil insensé des féodaux causait leur perte. Leur adversaire luttait pour sa vie et celle des siens, compagnons soudés par une solidarité fraternelle, face à l'ennemi implacable qui avait même prévu les cordes destinées à pendre la racaille survivante.

L'indépendance acquise au nord contre les Habsbourg, les Confédérés la consolidèrent par la victoire de Näfels en 1388, puis ils se tournèrent vers le sud.

Arbedo

Le Valais et le versant sud des Alpes furent leur objectif suivant : ils s'en prenaient ainsi aux puissants ducs de Savoie et de Milan.

1. Avoyer : titre des deux premiers magistrats de certains cantons suisses.

2. Winkelried est, en Suisse, aussi célèbre que Guillaume Tell, mais il est pratiquement inconnu ailleurs alors que son compagnon à moitié mythique est connu dans le monde entier. Un chant de victoire en soixante-quatre strophes mentionne le sacrifice de Winkelried, c'est un des plus intéressants exemples du dialecte allemand utilisé en Suisse au XIVe siècle.

L'INFANTERIE AU DÉBUT DU XVIe SIÈCLE

1. Chariot hussite, vers 1420. À l'époque où les Suisses adoptaient la pique de dix-huit pieds pour arrêter la cavalerie, Jan Zizka imaginait l'obstacle fait de chariots-fortins, qui défia cinq croisades des féodaux germaniques. — 2. Tambour hussite. Les dimensions du tambour ne cesseront de croître jusqu'au XVIIe s. — 3. Cavalier hussite, vers 1420. On remarquera ses bottes à rabats. — 4. Charretier, début du XVIe s. Sa silhouette n'a pas changé en un siècle. — 5. Tambour de lansquenets, vers 1515. — 6. Sergent, vers 1450. — 7. Flûtiste de lansquenets, vers 1515. — 8. Chirurgien réduisant une fracture, en 1517.

1
2
3
4
5
6
7
8
L&F Funcken

C'est un condottiere[1] au service de Milan, Carmagnola, qui fut chargé, en 1422, de mater les Suisses. L'habile Italien les surprit à Arbedo, près de Bellinzona. Encerclés, chargés par la cavalerie aguerrie de la *condotta* pointant ses longues lances, ils furent incapables de résister avec leurs hallebardes et leurs lances trop courtes[2].

Décimés, les fantassins helvètes se dégagèrent et se retirèrent dans leurs montagnes.

Naissance de l'infanterie

La leçon porta. On décida de doter désormais l'armée de piques en bois de frêne de dix-huit pieds de long, soit 5,83 mètres, piques capables d'atteindre le poitrail d'un cheval avant que la lance de son cavalier n'atteigne le piquier. Les hallebardes[3], dont les fers larges et crochus s'enchevêtraient facilement et se prenaient aux vêtements dans les mêlées, furent considérablement réduites en nombre et réservées à une intervention ultérieure, la pique arrêtant le cheval, la hallebarde attaquant le cavalier démonté en un second temps.

Les armes de trait, arcs et arbalètes, étaient utilisées depuis longtemps, et dès la fin du XIVe siècle, le « trait à poudre » ou canon à main avait équipé les « gens de trait ». Peu à peu, il supplanta la flèche, avec l'apparition de la « sclopette » — l'escopette — et de la *Hakenbüchse* — l'arquebuse — vers 1450[4].

Les Suisses n'utilisèrent pourtant les armes à feu qu'avec une très nette réticence, allant même jusqu'à réduire leur nombre face aux Bourguignons après la bataille de Granson en 1476, ces derniers craignant bien davantage la pique que la balle.

De l'apogée au déclin de sa gloire militaire, l'infanterie suisse comptera un nombre variable d'arquebusiers : un tiers en 1476, un dixième en 1480 et un quart au début du XVIe siècle.

1. Condottiere (conducteur) : chef de mercenaires. Véritable « entrepreneur de guerre », il se louait avec sa *condotta,* depuis le XIVe siècle, aux innombrables seigneurs de la mosaïque italienne.
2. La lance suisse ne mesurait alors que huit à neuf pieds de long — 2,60 mètres à 2,90 mètres — longueur égale à celle de la hallebarde.
3. Voir plus loin le chapitre des armes d'hast, page 58.
4. Voir plus loin le chapitre des armes à feu, page 48.
5. Voir le tome Ier de cet ouvrage, p. 151, fig. 2.

L'armure

C'est le perfectionnement de l'arme à feu qui triompha de l'orgueilleux mépris de l'armure longtemps affiché par les Confédérés. Encore attendirent-ils 1465 et limitèrent-ils son usage aux piquiers du premier rang.

On ne protégea tout d'abord que le tronc, mais il fallut bientôt se résoudre à recouvrir les bras et la tête devant la tactique utilisée par les gendarmes dès 1501, consistant à venir « tirer » le premier rang à l'arbalète et plus tard au pistolet.

L'adoption de l'armure ne présenta pas la moindre difficulté : les arsenaux regorgeaient de harnois pris à l'ennemi, il n'y avait que l'embarras du choix !

La tête était protégée par l'élégante salade ou par une simple cervelière portée sous le béret[5].

LE DÉSARÇONNEUR

La capture de riches guerriers dont on tirait de substantielles rançons — en 1388, le chroniqueur Froissart dénonçait déjà ces « prises d'otages » systématiques qui redeviennent à la mode aujourd'hui — nécessitait des armes spéciales dont nous avons montré des exemplaires p. 87 du tome précédent. L'adoption des armures lisses et bien étanches amena les pratiquants de cette fructueuse industrie à inventer des fourches à ressorts dites « désarçonneurs ». Les Allemands utilisaient avec virtuosité ces *Fangeisen* ingénieux, qui sont nombreux dans les musées d'outre-Rhin.

La figure au premier plan tient un canon à main à quatre coups combiné avec une massue, dit *Schiessprügel* en allemand. Les deux cavaliers sont revêtus d'armures maximiliennes, l'une « à costume » et l'autre cannelée, de 1515-1520.

Le lecteur attentif pourrait s'étonner de l'accoutrement quelque peu anachronique de certains de nos fantassins : la salade à bavière du personnage à l'arrière-plan et la cuirasse gothique du personnage central, par exemple, sont vieilles l'une et l'autre de trente à quarante ans. Plus étonnant encore est le camail de mailles moyenâgeux porté avec une armure d'infanterie dernier cri. Il est évident que de nombreuses pièces d'équipement armaient souvent plusieurs générations de guerriers.

Guerres intestines

La science militaire des Helvètes n'était pas née spontanément mais s'était lentement édifiée depuis de longs siècles chez le citoyen libre de toute entrave féodale, familiarisé par devoir civique avec le maniement de l'arme de son choix bien avant les affrontements fratricides ayant précédé la confédération des trois premiers cantons.

Dans le premier tiers du XVe siècle, les Confédérés se déchirèrent entre eux. Zurich appelait l'Autriche à son secours en 1440, puis la France en 1443 : trente mille « écorcheurs » conduits par le futur Louis XI. La paix, signée grâce à un arbitrage, réunit les frères ennemis en 1450, prêts dès lors à affronter de nouveau l'Autriche en 1468 !

Granson

L'impécuniosité chronique de Sigismond de Tyrol l'ayant contraint à céder son landgraviat d'Alsace et quelques cités rhénanes en garantie d'un prêt de cinquante mille florins consenti par le fastueux Charles le Téméraire, ce fut l'occasion pour ce dernier de réunir les deux tronçons de ses États, la Bourgogne et la Flandre. En envahissant le duché de Lorraine, qui jouxtait l'Alsace, le duc créait l'ébauche d'une reconstitution de l'ancien royaume de Lotharingie dont il rêvait de se faire couronner roi. Il « tâchait à tant de choses grandes, dit Commines[1], qu'il n'avait pas le temps à vivre pour les mettre à fin et étaient presque impossibles, car la moitié de l'Europe ne l'eût su contenter. »

Le roi de France Louis XI vit là une chance de se défaire d'un redoutable ennemi. Il convainquit sans difficulté le jeune René de Vaudémont[2] de tenter la reconquête de la Lorraine, paya les dettes de Sigismond et poussa les Suisses à la guerre.

Dès 1473, Colmar, Mulhouse, Sélestat, Strasbourg et Bâle constituaient une ligue de défense à laquelle venaient, un an plus tard, se joindre les troupes de Sigismond réconcilié avec les Suisses. Ce furent ces derniers qui prirent l'initiative de l'attaque en se rendant maîtres de plusieurs cités telles que Granson, Orbe, Jougne et Morat.

Charles se mit en campagne, à la tête d'une puissante armée de quarante mille hommes et de la plus belle artillerie qui se pût voir. Suivaient les trésors du duc, joyaux, parures, vaisselle d'or et d'argent — cette dernière représentait à elle seule 12.237,500 kilos !

Yverdon tomba, puis Granson, en 1476, dont la garnison réduite à quatre cent douze hommes fut impitoyablement anéantie. Arrivées trop tard, les forces de secours se heurtèrent le 2 mars à trente mille Bourguignons venus à leur rencontre. Charles crut ne faire qu'une bouchée des vingt mille paysans ignorant tout de l'art de la guerre, qui osaient affronter un stratège tel que lui, initié à l'art militaire de César et de Végèce.

Une première charge en coin de la cavalerie lourde se brisa net sur les piques inébranlables de l'avant-garde des Suisses. Le son rauque du «taureau d'Uri » et de la « vache d'Unterwald », ces trompes d'une « merveilleuse grandeur » offertes jadis, prétendait-on, par Pépin et Charlemagne, annonça alors l'arrivée du gros des Confédérés dont l'apparition suffit à jeter l'épouvante dans l'infanterie bourguignonne. Une contre-attaque de la cavalerie fut balayée par l'élan des carrés suisses. La superbe armée s'enfuit à toutes jambes, n'ayant perdu que quatre

1. 1447-1511. Auteur de *Mémoires* sur les règnes de Louis XI et de Charles VIII.
2. 1451-1508. C'est le futur René II, duc de Lorraine en 1473.

GARDES ROYAUX

1. Gentilhomme de François Ier, à bec-de-corbin, 1520. — 2. Cranequinier à cheval de la Garde de François Ier, 1520. — 3 et 4. Archers écossais de la Garde de Henri II, 1559. La coiffure était le feutre albanais. — 5 et 6. Archer français et archer écossais de la Garde de François Ier, 1520. — 7 et 8. Archer français et archer écossais de la Garde de Henri III en 1580.

9. Étendard de François Ier (1515-1547). — 10. Étendard de Henri II (1547-1559).

9
10
1
2
3
4
5
6
7
8
L. & F. FUNCKEN.

cents hommes mais abandonnant à l'ennemi un butin énorme[1].

Incapable d'enrayer la panique, Charles dut se résoudre à fuir jusqu'à Jougne, dans le passage du Jura. Son fou déclara avec à-propos : « Ah ! monseigneur, nous voilà bien annibalisés ! »

Morat

Reconstituée comme par magie en un mois, l'armée bourguignonne estimée à trente-cinq mille soldats : Picards, Anglais, Lombards, Vaudois, Savoyards, Bourguignons et Italiens du Sud, vint s'installer sous les murs de Morat, en juin 1476. La petite garnison de deux mille hommes résista avec fermeté en attendant l'armée de secours helvétique, grossie de ses alliés alsaciens et lorrains avec le jeune René, le duc sans duché.

Cette armée de vingt-deux mille deux cents fantassins et de mille huit cents cavaliers[2] quitta Berne à dix heures du soir et arriva devant Morat pour les matines.

Aux Suisses groupés, le duc Charles opposa des forces divisées quoique couvertes par de bons retranchements bien garnis d'artillerie. Un premier assaut des Suisses fut repoussé mais, piètre général, le duc, qui mettait son honneur « à ne daigner bouger », n'exploita pas ce succès initial par une contre-attaque. Débordant la droite, l'avant-garde suisse enleva alors d'un seul élan l'artillerie bourguignonne et la retourna contre l'ennemi.

La bataille durait depuis trois heures. Charles le Téméraire, complètement abasourdi par l'habileté manœuvrière des bataillons ennemis, tenta en vain de redresser la situation. Sa cavalerie bouscula celle du duc René mais dut céder sous les piques accourues à la rescousse. La garnison de Morat faisait une sortie vigoureuse et l'arrière-garde des Confédérés tournait l'armée bourguignonne, ne lui laissant qu'une seule issue : le lac !

Le massacre fut effroyable, la plupart des huit ou dix mille tués le furent de sang-froid tandis qu'ils pataugeaient dans la fange. Les ossements des vaincus formèrent un hideux monument commémoratif sur les lieux mêmes de la bataille[3].

Nancy

Si la journée de Morat valut aux Suisses la renommée et l'admiration universelle, elle ruina le prestige de Charles le Téméraire et fit exploser l'exaspération de ses vassaux desquels il prétendait exiger le quart de leur avoir, afin de remettre sur pied une nouvelle armée de quarante mille hommes.

Ce n'est pourtant qu'avec six mille soldats péniblement rassemblés que le despote ulcéré résolut de prendre sa revanche et alla mettre le siège devant

1. 600 bannières, 420 canons, 800 arquebuses, 1.500 chariots, 10.000 chevaux, des tonnes d'or et d'argent... que les Suisses vendirent comme du cuivre et de l'étain, et l'énorme diamant du Grand Moghol, cédé pour un écu !
2. Chiffres comme toujours incertains. Il est possible que les Confédérés aient été légèrement supérieurs en nombre aux Bourguignons, excepté pour l'artillerie. Commines parle de 31.000 hommes dont 4.000 cavaliers. Les Italiens estimaient les forces bourguignonnes à 20.000 ou 22.000 hommes et les auteurs bourguignons avancent les chiffres de 28.000 ou 30.000 hommes.
3. Il y demeura pendant trois siècles, jusqu'en 1798, où il fut détruit, paradoxalement, par les envahisseurs révolutionnaires français des bataillons de l'Yonne et de la Côte-d'Or.

LE PIQUIER AU XVIe SIÈCLE

1. Italien, 1500. Le bonnet pouvait être remplacé par une barbute (voir tome Ier, p. 31, fig. 2 à 6) ou par une simple cervelière en forme de bol. — 2. Suisse, 1510. Sa demi-armure de piéton est typique de l'époque. Elle se compose d'un plastron et d'une dossière mais possède, en outre, deux petites plaques latérales se rabattant sur les côtes et fixées à la dossière par des charnières. — 3. Suisse, 1530. Il porte une armure capturée, dont il a délaissé les épaulières, l'arrêt de cuirasse inutile et les défenses des jambes, afin de conserver toute l'agilité désirable. Sa pique est munie d'un disque déflecteur ou brise-perspective. — 4. Allemand, 1555. Son épée est une schiavone italienne. C'est à cette époque que l'extravagance des culottes atteignit son paroxysme. — 5. En 1570. Plus ou moins décoré, le corselet demeura en usage jusqu'au milieu du XVIIe siècle, mais sa qualité était alors tombée si bas que les tassettes étaient d'une seule pièce avec les lamelles et les rivets simulés, estampés à la presse d'un seul coup dans une tôle à peu près aussi impénétrable que du carton ! — 6. En 1582. Le corselet a perdu ses épaulières, ses « moignons » ainsi que son busc en « cosse de pois » (voir fig. 5). Le cabasset et l'armure annoncent déjà la rapide décadence de la production des armuriers.

1
2
3
4
5
6
FUNCKEN

Nancy dont la maigre garnison anglo-bourguignonne venait, faute de secours, d'ouvrir les portes au duc René II, le 6 octobre 1476.

Dépourvu des troupes nécessaires à une bataille rangée, René s'en fut quérir l'aide des Suisses. L'hiver extrêmement rude éprouva davantage les assiégeants que les assiégés : quatre cents Bourguignons moururent de froid la nuit de Noël. Exécré par son armée, Charles s'obstina, jurant de célébrer la fête des Rois dans une Nancy conquise.

Et, le 5 janvier 1477, le duc René surgit à la tête d'une avant-garde de sept mille fantassins et de deux mille cavaliers suisses, tous soldats d'élite auxquels s'étaient joints en chemin des détachements d'Alsaciens, de Français et de Lorrains. Dix mille Suisses marchaient un peu en arrière. Le duc de Bourgogne n'écouta pas les conseils de ses capitaines et décida de recevoir dignement ces « vilains », ces « ivrognes ». Même la trahison de son meilleur ami, le condottiere napolitain Campo Basso, ne le fit pas changer d'avis.

La bataille commença par une téméraire charge frontale du duc René et de la cavalerie sur l'artillerie ennemie, heureusement suivie de l'attaque massive d'infanterie qui enfonça l'aile droite bourguignonne. L'aile gauche subit le même sort tandis que la garnison de Nancy sortait pour se joindre au massacre.

Morcelée, dispersée et poursuivie dans toutes les directions, l'armée du grand duc n'existait plus. Quatre cents fuyards tentèrent de s'échapper par le pont de Bouxières, mais Campo Basso le renégat les rejeta sur les Suisses.

Charles, de son côté, s'était battu comme un lion et avait été entraîné par la débâcle vers les marais de l'étang de Saint-Jean. C'est à cet endroit que, le 7 janvier, un jeune page italien appartenant à l'illustre famille des Colonna identifia le corps dépouillé de son maître, la tête fendue de l'oreille à la bouche, les cuisses et le sacrum percés par les coups de la terrible hallebarde[1].

1. Comme il en va souvent à l'égard de personnages hors du commun, on prétendit que le cadavre défiguré n'était pas celui du duc. Certains historiens évoquèrent même cette éventualité, mais plusieurs intimes du tyran l'identifièrent formellement par plusieurs cicatrices anciennes, par sa denture et par une bague dont la pierre était trop petite au goût des détrousseurs. Campo Basso le traître, qui en savait sans doute plus que nul autre sur la fin de son maître, « orienta » les recherches.

Coutumes

Les Suisses avaient coutume de s'agenouiller pour une prière avant de combattre. C'est ce qui fit croire un instant aux Bourguignons, à Granson, qu'ils demandaient grâce !

Au combat, par contre, les Suisses ne s'embarrassaient pas des règles de chevalerie en usage dans la noblesse et, il faut bien le souligner, à son usage exclusif. Pas de rançon et pas de prisonniers ! Dureté implacable qu'ils appliquaient également aux leurs : lâches, déserteurs ou réfractaires.

Au service de l'étranger

Les victoires des Confédérés eurent un retentissement énorme et bientôt on sollicita leurs services.

Le premier souverain à les utiliser fut Louis XI qui, dès 1453, en enrôla six mille pour sa conquête de la Franche-Comté. En 1480, la paix venue, il s'en servit comme instructeurs de sa nouvelle milice, qui devait fournir les fameuses « bandes de Picardie », ancêtres de l'infanterie française.

À la fin du siècle, on les vit en Italie, pour ou contre Venise, avec les compétiteurs du duché de Milan et dans l'armée du pape Jules II où ils formèrent la fameuse garde pontificale dès 1506, *pro custodia palatii nostri* (pour la garde de notre palais) ainsi que le mentionnent les statuts.

LE HALLEBARDIER AU XVIe SIÈCLE

1. Allemand, 1520. — 2. En 1520. Le plastron à base globuleuse est typique de l'époque 1510-1515. — 3. Capitaine d'infanterie suisse, 1525. Son armure est une maximilienne de très belle facture et date de 1510-1515. — 4. Allemands, 1500 et 1510. C'est le type parfait des premiers lansquenets. — 5. En 1546. Avec le « manteau d'évêque » de mailles. — 6. Allemand, 1560. — 7. Suisse, 1584. — 8. Espagnol, 1572. On le recrutait dans les Flandres aussi bien belges que française, ainsi que dans le Hainaut. Ce fut le plus redoutable fantassin de son temps.

1
3
4
2
5
7
8
6

Charles VIII, Louis XII et François Ier enrôlèrent des Suisses en grand nombre. Le deuxième en aura vingt-quatre mille en 1500, mais le troisième, par économie peut-être, tentera d'utiliser des Gruyens (originaires du comté de Gruyère) qui, contre toute attente, s'avéreront extrêmement mauvais ! Le succès avait engendré l'orgueil et, avec lui, une confiance exagérée en leur capacité de vaincre sans cavalerie ni artillerie, qui réserva aux Confédérés d'amères surprises, comme à Marignan en 1515 et à la Bicoque en 1522.

De graves crises surgirent aussi lorsque deux troupes de Suisses se trouvaient face à face dans des camps adverses : à Novarre par exemple, en 1500, ils abandonnèrent le duc de Milan, Ludovic Sforza, à la merci de Louis XII. Exigeants et capricieux, refusant parfois de se battre en terrain accidenté ou réclamant une solde plus élevée, ils ne se payaient pas de mots, d'où le proverbe : « pas d'argent, pas de Suisses ». Mais, comme le disait un autre axiome, « si on n'a les Suisses avec soi, on les a contre soi ». Aussi plus d'un monarque dut-il se résoudre à les utiliser.

L'essor d'une infanterie nationale fut maintes fois retardé par les besoins de la guerre, et parce que le manant devenu soldat passait de l'esclavage à la liberté et n'était plus récupérable par son maître lorsque revenait la paix. Quoi qu'il en soit, l'armée de Henri II, en 1552, comptait déjà deux bataillons de nationaux forts de vingt-cinq à vingt-huit mille hommes contre un troisième bataillon « d'Allemans » de sept à huit mille hommes.

Ce sont les progrès de l'artillerie d'abord, puis les émules des Suisses : lansquenets et nationaux, qui firent pâlir l'étoile des héritiers de Morgarten. Sans que leur courage diminuât d'une once, la perte de leur originalité réduisit leur rôle sur les champs de bataille.

Les Suisses servirent glorieusement la France jusque sous le roi Louis-Philippe en 1830[1], l'Angleterre de 1690 à 1856, l'Autriche aux XVe et XVIe siècles, puis au XVIIIe, l'Espagne de 1515 à 1823, la Hollande de 1676 à 1828, la Prusse, la Russie, l'Italie... Un étonnant palmarès !

1. Voir *L'Uniforme et les Armes des soldats de la guerre en dentelle.*

Les lansquenets

C'était, à l'origine, des goujats tout à la fois domestiques, palefreniers et soldats, accompagnant un chevalier. Ici comme ailleurs, les nécessités de la guerre en augmentèrent le nombre et, groupés en troupes plus ou moins nombreuses, ils formèrent l'infanterie allemande. S'inspirant de la terrible infanterie suisse, l'empereur Maximilien Ier créa, à la fin du XVe siècle, une infanterie similaire, les *Landsknechte,* de *Land* (plat pays) et de *Knecht* (serviteur), c'est-à-dire « hommes de la plaine » par opposition au Suisse « homme des montagnes ».

La renommée de cette infanterie nouvelle ne tarda pas à se répandre dans toute l'Europe ; tous les souverains désiraient en avoir à leur service, particulièrement après les cuisants échecs des Suisses aux batailles de Marignan et de Pavie, en 1515 et 1525, qui ternirent leur réputation.

En France, la longue pique des nouveaux mercenaires provoqua la corruption de « Lands » en

LE BOUCLIER

1. Combattant noble équipé de la targe et du casque de tournoi pour un duel judiciaire, au milieu du XVe s. On utilisait aussi l'armure complète classique. — 2. Targe de guerre, 1435. Elle possède l'échancrure destinée à coucher la lance. — 3. Rondache à crochet brise-fer, 1520. — 4. Targette à poing, vers 1500. — 5. Escrimeur avec une rondache en forme de tuile, 1560. — 6. Bras à parer, début du XVIe s. — 7. Duel judiciaire de roturiers allemands, en 1443. Les boucliers de combat étaient pratiqués dans les salles d'escrime. — 8. Rondache à lanterne, début du XVIe s. — 9. Soldat espagnol avec l'adargue, 1540. — 10. Rondache-pistolet, 1550. Ce « gadget » existe encore en plusieurs exemplaires. — 11. La même que ci-dessus, vue interne avec la culasse et son obturateur — 12. Rondachier, début du XVIIe s. — 13. Bras armé, début XVIe s. — 14. Bras à parer, début XVIe s. — 15. Officier gentilhomme de la compagnie du roi Henri III en 1580, avec une rondache de parement.

1
2
3
4
5
6
7
8
9
10
11
12
13
14
15
L. & F. FUNCKEN

« lans » — lance, d'où l'orthographe « lansquenet ». En Allemagne même, le langage populaire adopta cette interprétation et, remplaçant « Lands » par « Lanz », inventa le mot *Lanzknecht.* Quant aux Anglais, ils forgèrent un *lance-knight* qui faisait du rustaud un chevalier! La sémantique avait une fois de plus subi une rude secousse, mais l'amour-propre national de chacun était sauf.

Organisation

C'est Georg von Frundsberg, « père des lansquenets », qui mit sur pied la nouvelle infanterie, émule de celle des Suisses, instrument de la puissance militaire de l'Autriche des Habsbourg et du Saint Empire germanique. L'Allemagne, elle, n'était qu'un corps politique sans force, morcelé entre une multitude de petits souverains, d'évêchés ou de villes indépendantes; la jeunesse aventureuse, la petite noblesse impécunieuse et l'inévitable ramassis de gens de sac et de corde s'engagèrent sous les ordres de colonels nobles — ou simples roturiers, fait extraordinaire pour l'époque.

Ces *Obersten* commandaient dix à seize *Fähnlein* — compagnies — de quatre cents têtes, qui se trouvaient sous les ordres d'un *Hauptmann* — capitaine — secondé par des lieutenants et des *Fähnriche* — enseignes. Ainsi apparaissaient les fondements du système militaire moderne, et ces « bandes » formèrent les premiers régiments véritables de la fin du règne de Charles Quint, composés uniformément de huit enseignes de trois cents têtes chacune.

Les cercles du Rhin fournirent un grand nombre de lansquenets, mais les plus renommés furent ceux de la Souabe.

Les lansquenets formèrent partout l'ossature solide de l'infanterie et servirent de modèles aux premiers régiments nationaux.

Armement

La pique était l'arme principale. Plus courte que celle des Suisses, avec ses trois à quatre mètres de long, on la maniait par le bout afin de posséder un maximum d'allonge. Le lansquenet chargeait dans une position ramassée caractéristique et estoquait avec la lance basse contrairement au Suisse et au Français, lesquels tenaient la lance à hauteur de la poitrine, à peu près par le milieu pour assurer une bonne répartition du poids[1].

L'arquebuse double à mèche et l'arquebuse légère à rouet semblent avoir été beaucoup plus répandues que chez les Suisses, de même que la cuirasse et la typique *Sturmhaube* ou bourguignotte. L'épée large et courte dite *Katzbalger* (étripeur de chats) ou lansquenette était l'équivalent du *Schweizerdegen* des Suisses.

1. Dans les combats contre l'infanterie, évidemment.

JOUEURS D'ÉPÉE

1. Espadon de la seconde moitié du XVIe s. Les deux crocs en avant de la poignée servaient à « raccourcir » la garde pendant certaines phases du combat, à freiner certains coups en revers ou à fournir des coups droits plus puissants. La lame ondée était censée produire de plus graves blessures. — 2. Espadon, fin du XIe s. — 3. Seconde moitié du XVe s. — 4. Fin du XVe s. — 5. 1500. — 6. Milieu du XVIe s. C'est le *spadone a due mani* des Italiens. — 7. Milieu du XVIe s.

8. 1520. On remarquera les quillons en S. — 9. Double-solde en armure complète, 1520. — 10. Écossais du XVIe s. et sa *claymore* ou *claidheamh-mor* (grande épée). L'épée à deux mains se portait généralement ainsi, comme une guitare. — 11. Double-solde, 1580. Les vétérans, combattant au premier rang et plus ou moins cuirassés, percevaient une double solde, d'où leur nom.

On a souvent évoqué le danger qu'avec leurs terribles moulinets les « joueurs d'épée » faisaient courir à leurs compagnons, mais ils n'intervenaient, de toute évidence, que dans des cas particuliers. Ils ne représentaient qu'un très faible pourcentage parmi les autres fantassins. Un dessin de Hans Holbein le Jeune ne montre qu'un seul joueur d'épée parmi une trentaine de piquiers et de hallebardiers (voir « Tactique de l'infanterie »).

1
2
8
9
10
11
L. & F. FUNCKEN
3
4
5
6
7

Coutumes

La prière, suivie du jet d'une poignée de poussière ou d'un baiser sur le sol, précédait tout combat. Pratique dévote qui n'empêchait nullement le service de la cause protestante ou de la cause catholique, indifféremment.

Aux lansquenets authentiquement allemands se joignirent des aventuriers de toute origine, Bas-Allemands du Limbourg, des cantons germanophones du pays d'Outre-Meuse, du Luxembourg. etc. Ne chantaient-ils pas volontiers :

Wir haben gar keine Sorgen
Wohl um das römische Reich...
Nous nous soucions bien peu
du Saint Empire romain...

Aussi ne rencontraient-ils aucune pitié face aux lansquenets impériaux.

La cruauté effroyable de ces « meschans garniments » n'est pas une légende. Leur turbulence, disaient-ils, faisait peur au diable lui-même. Les guerres d'Italie, des Pays-Bas et de religion conduisirent les lansquenets à des atrocités sans nom. En Belgique, douze lansquenets belges furent exécutés par ordre de leurs chefs espagnols en châtiment de leurs crimes envers leurs compatriotes.

L'usage de solder des lansquenets cessa à la fin du XVIe siècle; ils disparurent en Allemagne avec la guerre de Trente Ans, en 1618.

L'infanterie nationale

Les vocables malsonnants qui désignaient en général le soldat à pied en disent long à eux seuls sur la piètre estime des féodaux à son égard. L'affranchissement des communes amena la création de milices souvent redoutables, on l'a vu, mais indisciplinées et peu enclines à se battre pour des intérêts autres que les leurs.

1. Pour la cavalerie de ce corps, voir le tome Ier, page 127, fig. 9 et 10.

Les francs-archers

C'est Charles VII qui, en France, créa les « francs-archers »[1], bientôt moqués par la noblesse et surnommés « francs-taupins » par allusion à leur couardise qui les faisait se cacher dans des trous, comme la taupe. Il est vrai que ces malheureux ne jouissaient pas du privilège d'être rançonnables et n'avaient d'autre moyen de sauver leur vie que la fuite. Cette « taupinaille » se rebiffa quelques fois et finit par être dissoute.

Louis XI rétablit vingt-huit compagnies de cinq cents francs-archers, composées de guisarmiers, de piquiers et d'arbalétriers. C'était en 1466, mais la seule bataille importante à laquelle ils participèrent, Guinegatte en 1479, leur valut leur licenciement l'année suivante, pour indiscipline. Revenus sous Charles VIII en 1485, ils disparurent définitivement sous Louis XII, en 1508.

Au XVe siècle, l'équipement consistait en une salade et une jacque doublée de vingt-cinq à trente épaisseurs de toile, ou une brigandine doublée de lames.

Les fantassins réguliers

Les Suisses étant très coûteux, les rois de France se décidèrent à lever des bandes d'infanterie régu-

ARQUEBUSIERS ET MOUSQUETAIRES

1. Arquebusier anglais, 1520. — 2. Arquebusier des lansquenets, 1520. — 3. Arquebusier, 1530. À cette époque, on utilisait encore l'arquebuse sans aucun mécanisme, mise à feu à l'aide d'un porte-mèche manuel. — 4. Arquebusier des lansquenets, 1560. — 5. Mousquetaire français, 1585. — 6. Mousquetaire français, 1590. — 7. Mousquetaire, 1580.

On notera la fourquine des mousquetaires, nécessaire pour pointer leur arme lourde.

4
1
5
6
2
3
7
L. & F. FUNCKEN

lière, le plus souvent formées de Gascons « humains comme lyépards » et de Bretons, qui s'habillaient « à la pendarde » avec des chausses déchiquetées et balafrées. Beaucoup portaient la fleur de lys marquée au fer rouge sur l'épaule ou cachaient sous une tignasse hirsute l'absence de leurs oreilles coupées par le bourreau. Rien d'étonnant à ce que ces inquiétantes cohortes aient reçu les surnoms de rustres ou de houspilleurs !

Louis XII parvint toutefois à améliorer ces bandes en les soumettant à une discipline stricte. La noblesse et particulièrement les « lances rompues » — gendarmes ruinés dits « lanspessades » — ne dédaignèrent pas d'encadrer cette nouvelle infanterie[1] dont le besoin se faisait de plus en plus sentir. Depuis le règne précédent, en effet, il était reconnu que « gens de cheval ne peuvent aisément faire grand exploit sans gens de pied ». Néanmoins Louis XII n'emmena que treize mille fantassins pour sa campagne d'Italie, alors qu'il avait avec lui pas moins de vingt-neuf mille cavaliers.

Bandes de deça et bandes de delà

François Ier préféra tout d'abord les étrangers mercenaires à cette infanterie nationale au sein de laquelle brillaient déjà les fameuses « bandes de Piémont » dressées par un transfuge espagnol, Navarre, sur le modèle des *soldados* de son pays. L'extension des hostilités provoqua, en 1521, la création de quatre grandes circonscriptions militaires : Champagne, Picardie, Piémont et Guyenne.

Les bandes de Picardie et de Champagne, dites « bandes de deçà », combattirent au nord, tandis que Piémont et Guyenne, les « bandes de delà », défendaient le sud. Les quatre premiers régiments d'infanterie française étaient nés.

1. Montluc et Bayard lui-même acceptèrent de commander ces fantassins.
2. On disait alors « coronnel » ou « coronel ».
3. Champagne, Picardie et Piémont restaient seuls sur pied en temps de paix.
4. Des détails d'effectifs sont précisés aux chapitres des casques, des armes à feu, des armes blanches, etc.
5. Les régiments levés pour la guerre prenaient le nom de leur mestre de camp.

Les légionnaires

En 1523, la lutte contre l'empereur Charles Quint nécessita le recours à la vieille institution des francs-archers levés dans toutes les paroisses françaises. Cédant à son goût de l'antique, François Ier transforma ces nouvelles troupes en sept « légions » de six mille légionnaires chacune :

première : Normandie,
deuxième : Bretagne,
troisième : Picardie,
quatrième : Languedoc,
cinquième : Guyenne,
sixième : Bourgogne, Champagne et Nivernais,
septième : Dauphiné, Auvergne et Lyonnais.

Chaque légion se divisait en six cohortes, subdivisées en douze enseignes avec autant de capitaines commandés pour la première fois par un colonel[2]. Les arquebusiers représentaient douze mille doubles-paies sur l'ensemble de ces légions.

Les légionnaires n'égalaient les vieilles troupes que pour le pillage. Insurbordonnés et lâches, il ne causèrent que des déboires.

Henri II tenta de les remettre sur pied en 1558, mais ils disparurent dans le tourbillon des guerres de religion. Les vieilles bandes[3], avec leurs « corselets » — piquiers et hallebardiers — et leurs arquebusiers « morionnés » ou « à chapeau », ne représentaient plus que quinze mille hommes[4].

C'est Charles IX qui créa en 1560 les premiers véritables « régiments », dont les chefs reçurent le titre de « mestre de camp »[5], celui de colonel étant

MUSICIENS D'INFANTERIE

1. En 1520. — 2 et 3. En 1572. — 4-6. En 1580. — 7. Cuirassine. Cette cuirasse secrète était souvent dissimulée dans la « bosse de polichinelle », laquelle servait aussi de réceptacle à toutes sortes d'objets.

La flûte traversière, d'origine orientale, avait été introduite en Europe par Byzance. Largement utilisée par les Suisses et par les lansquenets allemands, on la désigna souvent sous le nom de *Schweyser Pfeiff* ou *flauste d'Allemaigne*. Elle composait une famille de quatre types de diapasons différents.

1
2
3
4
5
6
7

réservé aux chefs des régiments étrangers. L'organisation de 1569 fixa définitivement l'institution des régiments des gardes-françaises, de Picardie, de Piémont, de Champagne et de Navarre.

Henri IV les conserva au sein d'une infanterie composée de façon fort inégale tant pour le nombre des enseignes que pour les hommes, qui, au lieu des trois cents prévus, n'étaient guère plus de deux cents par enseigne en temps de guerre.

L'Espagne et l'Italie, comme l'Angleterre, la Suède et l'Autriche, avaient depuis longtemps une armée nationale permanente.

Les gardes royaux

C'est Philippe Auguste qui, parmi ses « gardes à masse » ou « sergents d'armes », engagea des « gardes écossais », lesquels constituèrent à partir de 1453 la seule garde royale.

Louis XI leur adjoignit une compagnie de cent gentilshommes ordinaires de la maison du roi dits « à bec-de-corbin ». C'est lui aussi qui créa les « cent-suisses » en 1475. Louis XII augmenta d'une compagnie les « cent gentilshommes », dits dès lors « grande Garde du corps ».

Sous François Ier, les gentilshommes à bec-de-corbin, devenus deux cents, servaient en guerre comme cranequiniers à cheval de la Garde, mais Henri IV jugea plus prudent de licencier « ces vieux ligueurs » et adjoignit à ses gardes une compagnie de chevau-légers. Avant lui, Charles IX avait créé, en 1563, le fameux régiment des gardes-françaises.

François Ier avait depuis 1515 une garde particulière de soixante archers français et de vingt-quatre archers écossais.

Les fameux yeomen anglais existaient depuis 1509 pour la sauvegarde de Henri VIII. Avant lui, les *sergeants at arms* seuls avaient assuré la garde des rois d'Angleterre de Richard Cœur de Lion à Richard III (1189 à 1485).

Le bouclier

Ce mot est issu du bas-latin *bucularium, buculerius* ou *buclarius,* ou peut-être du vieil allemand *Buckel,* bosse. Quoi qu'il en soit, le bouclier fut, depuis la plus haute antiquité, l'indispensable complément du combattant. Les grands modèles se suspendaient au cou par la « guiche » ou « guige » et tous les boucliers étaient dotés de courroies, l'une pour le bras et l'autre pour le poing, nommées « énarmes ».

Évolution

1230 : Le bouclier diminue de longueur et dépasse rarement le mètre (voir le tome Ier, pages 21 et 79).

1260 : Le développement des défenses de plaques permet d'alléger l'écu[1] et de réduire ses dimensions à un triangle équilatéral d'environ 60 × 60 centimètres. Les écus sont abondamment armoriés dans un style large et visible de loin, de la fin du XIIIe au début du XVe siècle (voir le tome Ier, pages 27 et 29).

Début du XIVe siècle : L'écu diminue encore mais devient plus long que large.

1320-1350 : Le chef, pièce honorable de plus en plus fréquente en héraldique, conduit à donner deux côtés parallèles et verticaux sur le quart de la hauteur de l'écu, afin de bien reproduire la surface rectangulaire du chef (voir dans le tome Ier les blasons des planches héraldiques).

LES CENT-SUISSES

1 et 2. « Cent-Souysses » de la Garde en 1507, sous Louis XII. Le costume était dit « parti » ou « écartelé ». Les chaussures de la fig. 2 se nommaient « escafignons ». — 3. Cent-Suisse, 1520. — 4. Capitaine des Cent-Suisses en 1520, sous François Ier. — 5. Sous Henri II, en 1559. — 6. Sous Charles IX, en 1571. — 7. Sous Henri III, en 1580.

1. Bouclier des hommes d'armes du Moyen Âge (latin *scutum,* bouclier). Les symboles et emblèmes qu'on y peignait sont à l'origine des *écus* d'armoiries, et ceux-ci figurèrent à partir de saint Louis sur certaines monnaies appelées de ce fait *écus.* Une conférence réunie à Brême en juillet 1978 a décidé la création d'une monnaie européenne : l'écu !

1
2
3
4
5
6
7
L. & F. FUNCKEN

1360-1380 : Sans modification sensible pendant cette période, l'écu commence à s'incurver davantage dans le sens vertical, en même temps qu'il s'agrandit souvent (voir le tome Ier, pages 29 et 37). On le suspend haut, à l'aide de la guige, la main gauche restant libre pour tenir les rênes.

Milieu du XIVe siècle : La pointe de l'écu devient concave et se projette en avant. Le canton dextre s'échancre souvent pour pointer le bois de la lance (voir le tome Ier, page 141). Cette particularité s'accompagne fréquemment d'un nerf vertical, un « pli » fortement marqué. Paris, Rouen, Nuremberg, Vienne et Gand abritaient d'excellents artisans.

Milieu du XVe siècle : L'écu n'est plus porté que dans les tournois et dans les joutes, où il est remplacé par la targe. Les perfectionnements de l'armure rendaient désormais le bouclier plus embarrassant qu'utile.

Le pavois

Dit jadis « pavais » ou « pavart », c'était le bouclier typique du fantassin (voir le tome Ier, pages 67, 113, 129, 131 et 133).

Abandonné en Europe occidentale à la fin du XVe siècle, il subsista en Europe orientale jusqu'au XVIIe.

La rondache

Nommé « rouele » aux XIIe et XIIIe siècles, ce petit bouclier rond ne fut qu'exceptionnellement utilisé à cheval dans le midi de la France, rarement au nord de la Loire et sur une grande échelle en Orient comme dans l'est de l'Europe.

La véritable rondache de fer ou de cuir bouilli, apparue chez nous au XIIIe siècle, ne dépassait pas trente centimètres de diamètre et n'était utilisée qu'à pied, par le « commun ». Un modèle encore plus petit, dit « boce » ou « rondelle à poing » (voir le tome Ier, pages 89 et 119), se nommait *rotellino* en Italie. Vers le milieu du XVIe siècle, on fabriqua des rondaches d'escrime dotées d'un crochet brise-lame.

La rondache, abandonnée à la fin du XVIe siècle dans presque toutes les armées, resta en usage jusqu'au début du XVIIe en Hollande, chez les « rondachiers » de l'infanterie.

La targe

Largement représentée dans les illustrations de nos deux tomes, la targe ne fut longtemps qu'un synonyme de l'écu pour les poètes anciens, et même les petits boucliers circulaires étaient nommés « targes réondes ».

Au XVIe siècle, les escrimeurs utilisèrent de petites targes carrées, rectangulaires ou trapézoïdales dites « targettes à poing ».

L'adargue

Typiquement espagnole, cette *adarga* était d'origine mauresque et fort ancienne. On la fabriquait de feuilles de cuir redoublées, collées et cousues les unes aux autres.

Utilisée surtout dans la cavalerie ibérique, l'adargue eut l'étonnant privilège de survivre à tous ses concurrents : on s'en servait encore au Mexique à la fin du XIXe siècle !

ANGLAIS, ÉCOSSAIS ET IRLANDAIS

1. Gentilhomme provincial, 1548. Il porte un mélange de pièces défensives modernes et archaïques, tels le haubert et le haubergeon (voir fig. 7). — 2. Yeomen de la Garde de l'escorte à cheval en 1575, sous Élisabeth Ire. — 3 et 4. Yeomen de la Garde, 1520 et 1575. Les initiales ER ne figuraient pas avant 1570, quoique Élisabeth soit montée sur le trône en 1558. — 5. Officier de la Garde, 1520. — 6. Cavalerie légère écossaise, 1580. — 7. Écossais vers 1580. — 8. Chef irlandais au temps d'Élisabeth.

1
2
5
6
3
4
7
8
L. & F. FUNCKEN

DEUXIÈME PARTIE

LA CAVALERIE

Les compagnies d'ordonnance françaises

La cavalerie féodale, particulièrement en France, était depuis longtemps la base quasi exclusive de l'armée, la noblesse se réservant jalousement le droit de défendre son patrimoine et ses avantages.

Ruinés par la guerre de Cent Ans, les seigneurs outrecuidants d'hier se virent contraints de louer leurs services en s'enrôlant dans les toutes nouvelles « compagnies d'ordonnance » de Charles VII (voir le tome Ier, pages 92 et 149). Il faut reconnaître que même s'il était souvent dicté par une impécuniosité sans remède, ce désir de servir au premier rang reste tout à l'honneur de la noblesse.

Plus d'un chevalier consacra ses derniers écus à se présenter armé et monté de la plus belle manière, afin d'avoir les meilleures chances d'être choisi par les commissaires royaux et d'entrer dans l'élite des « compagnies de la grande ordonnance » de 1439 avec une solde de trente et une livres par mois et par « lance », chaque « lance » comprenant l'homme d'armes et ses cinq subalternes. Ceux qui avaient été refoulés purent trouver place dans les nouvelles compagnies « de petite ordonnance » de 1449, dites aussi, significativement, « de petite solde ».

Jamais le plus besogneux des chevaliers ne se serait avisé de briguer le service dans la « piétaille », bonne pour « gens de roture et de petit état ».

Chacune de ces quinze compagnies « de grande ordonnance » comptait en principe cent hommes d'armes chefs de lance et cinq cents cavaliers plus légèrement équipés, qui se répartissaient ainsi : cent pages, trois cents archers et cent coustiliers. Le gendarme avait quatre chevaux entretenus par l'État, le page un seul, l'archer deux et le coustilier deux également, soit un total, par compagnie, de neuf cents chevaux.

Les hommes d'armes, complètement bardés de fer comme leurs chevaux, opéraient à part, comme cavalerie lourde. On les distinguait de leurs adjoints par le titre de « maîtres », expression qui allait rester longtemps en usage dans la cavalerie française[1]. La suite des maîtres opérait à la façon de la cavalerie légère, accompagnée d'un nombre variable de « volontaires » servant sans solde dans l'attente d'une place vacante.

L'effectif de la lance varia souvent. Louis XI le fixa à cinq cavaliers, Louis XII à sept en 1489, puis à huit en 1513. Sous François Ier, ce nombre tomba à six en 1530, puis il oscilla entre six et huit en 1550 sous Henri II, mais il atteignait parfois dix à douze. En 1561, sous Charles IX, soixante-cinq compagnies ne représentaient plus que deux mille cinq cent quatre-vingt-dix hommes. Quatre compagnies seulement désignaient encore les cent cavaliers des origines, la plupart des autres ne comptaient plus que trente-trois hommes. Les guerres de religion, de 1562 à 1570, virent une moyenne de trente-quatre hommes par compagnie, et ils étaient d'une qualité de plus en plus médiocre.

1. Voir *L'Uniforme et les Armes des soldats de la guerre en dentelle.*

LA CAVALERIE SUISSE

La cavalerie suisse, peu nombreuse, servait surtout à éclairer la marche du gros de l'armée des Confédérés, à protéger l'artillerie ou les flancs. On la voit ici au matin de la bataille de Nancy, le 5 janvier 1477, au début de laquelle elle chargera pour la première fois en masse.

Ces cavaliers n'ont pour la plupart rien de commun avec les gens d'armes traditionnels. Ce sont des fantassins montés, préférant la hallebarde à la longue lance. Le sabre en forme de cimeterre remplaçait le plus souvent l'épée. Le fantassin est couvert d'un manteau en « loden » dont on parle souvent comme d'une création moderne de notre industrie textile mais qui remonte aux premiers siècles de notre ère.

L & F. FUNCKEN

L'apathie ou la défection fit de la gendarmerie le moins bon élément de toute l'armée, à tel point dénaturé que de nombreux roturiers s'anoblissaient en s'engageant et que le pire des rustres capable de se tenir à cheval s'intitulait gentilhomme !

Henri III fut contraint de faire appel aux reîtres d'outre-Rhin, dont il « importa » douze régiments. Sous Henri IV, la cavalerie subit une véritable épuration qui en extirpa les éléments médiocres et y fit accueillir d'excellents « maîtres » huguenots. Les dernières compagnies d'ordonnance dignes de ce nom furent cassées par l'édit de 1600 et réduites à des effectifs squelettiques par l'expulsion des « gendarmes » dont l'expérience se limitait aux années de guerre civile.

L'équipement

L'armure et le harnois du cheval de l'homme d'armes avaient bien sûr suivi la mode du temps, et bien rares devaient être les maîtres assez désargentés pour se contenter d'armures démodées.

Sous Louis XI, entre 1461 et 1483, le luxe fut provisoirement exclu des belles compagnies avec l'interdiction formelle d'y porter velours et soie. Plus d'un trop coquet gentilhomme fut « cassé aux gages » pour avoir osé enfreindre l'interdiction royale ! Le luxe, proscrit des armées du roi de France, se réfugia dans celles du duc de Bourgogne où tous les raffinements, les fantaisies les plus coûteuses pouvaient se donner carrière.

Les plumets touffus « en cimier » rapportés des guerres d'Italie par Louis XII firent place aux plumets plus déliés de l'époque de François Ier, le harnachement des chevaux s'allégea, perdant, par une ordonnance de 1534, sa barde de crinière. Mais il y avait belle lurette que les gendarmes délaissaient ces lourdes et encombrantes pièces de protection, trop longues à placer , et ne les exhibaient au complet que pour les « montres » (inspections des commissaires royaux)[1].

1. Voir le chapitre du cheval et de son harnachement, page 80.
2. Ils régnèrent successivement de 1405 à 1419, de 1419 à 1467 et de 1467 à 1477.
3. Voir le tome Ier, page 89.

Les compagnies d'ordonnance bourguignonnes

Jean sans Peur, Philippe le Bon et Charles le Téméraire[2] avaient appris à leurs dépens à quel point une armée indisciplinée et mal instruite, et surtout non permanente, pouvait compromettre les visées ambitieuses de leur politique.

Charles décida, par une ordonnance datée du 31 décembre 1470, de créer ses propres compagnies d'ordonnance. Fixé d'abord à mille hommes d'armes, leur contingent monta à douze cent cinquante. En 1473, la compagnie ou bande d'ordonnance fut composée de cent « lances » ; chacune de ces « lances » comprenait un homme d'armes, un écuyer, un coustilier, trois archers et trois « gens de trait » à pied[3]. Seule différence avec la « lance » française : le

REÎTRES

1. Armure de cavalerie, 1540. — 2. Armure de qualité moyenne, 1580. — 3. Armure de basse qualité, 1560. — 4. Armure de cavalerie à bourguignotte fermée, 1580. Les longs cuissots de plus en plus jointifs sur le bas-ventre annoncent l'approche du XVIIe s. et l'ultime forme de l'armure, tandis que les passe-garde et le plastron busqué perpétuent d'anciennes caractéristiques. — 5. Armure de cavalerie légère avec un arrêt de cuirasse pour la lance. Les demi-brassards de cette figure et des fig. 2 et 3 étaient dits « à moignons ». — 6. Reître, 1540. Le pistolet à rouet fut introduit dans la cavalerie par ce type de cavalier léger allemand et exigea la réapparition des gantelets à doigts articulés, nécessaires pour son maniement; la fig. 1 a des mitons. L'usage de l'épaisse peinture noire qui recouvrait la plus grande partie de l'armure permettait de réduire le prix de revient en évitant le polissage et en dissimulant les imperfections du métal; il facilitait aussi considérablement son entretien. Les armures de belle qualité étaient, par contre, noircies à chaud.

Surnommés « Cottes noires », « Noirs Harnais », « Diables noirs » ou « Barbouillés », les reîtres affectionnaient les armures blanches et noires. Le poids de tous les modèles présentés ici avoisine 12 kilos, bourguignotte comprise. Il faut toutefois remarquer que ce type de harnois était également très répandu dans la cavalerie légère, avec ou sans arrêt de cuirasse, ainsi que dans l'infanterie.

1
4
2
3
6
5
L. & F. FUNCKEN

chef de lance n'était pas un « maître » mais un « condotier » ou conducteur à l'imitation du condottiere italien.

La compagnie se divisait en quatre escadres de vingt-cinq hommes d'armes et chaque escadre se subdivisait en quatre chambres de six hommes d'armes ; l'homme d'armes restant était le chef d'escadre. En marche, les archers de chaque compagnie, trois cents en tout, se divisaient en quatre escadres de soixante-quinze hommes chacune. L'infanterie, enfin, formait une compagnie de trois cents combattants, fractionnée en trois « centenies » de cent hommes commandées chacune par un « centenier ». La centenie se subdivisait en trois « trentenies » commandées par trois « trenteniers ».

Suivait une cohorte de volontaires non soldés qui haussait parfois le chiffre des combattants d'une compagnie jusqu'à quinze cents. De là une confusion compréhensible et l'impossibilité de fixer exactement le nombre des combattants d'après les chroniques du temps, lesquelles citent les effectifs par nombre de « lances » alors que celles-ci représentaient chacune non pas dix hommes mais un chiffre variant de douze à quinze. Appliqué à deux ou trois cents « lances » et jouant alors sur des centaines de combattants problématiques, le calcul rend parfaitement impossible l'évaluation précise des forces en présence dans quelque bataille que ce soit, cette pratique des volontaires étant admise à peu près universellement.

Les bandes ou compagnies d'ordonnance de Bourgogne semblent bien avoir eu une plus grande valeur que celles de France. La discipline y était non seulement plus stricte mais les grands seigneurs de haut rang, toujours indépendants et rétifs, y étaient infiniment moins nombreux.

L'équipement

La tenue des « condotiers » était éblouissante. À peu près identique à celle des « maîtres » français, elle les dépassait par les « journades », les « huques » ou les « mantelines »[1] de velours, de soie, de drap d'or ou de satin.

Charles le Téméraire, on le devine, n'était pas le moins brillant chevalier de cette fastueuse troupe ; on le vit porter des chapeaux d'armes[2] en or massif, des camails[3] en mailles d'or. Épées, ceinturons et harnais étaient semés à profusion de gemmes et de perles. Hélas, la « bravoure en habits » ne garantit pas celle du cœur et toute cette splendide cavalerie fondit comme neige en trois rencontres avec la piétaille suisse !

1. Journade : casaque flottante à manches fendues. Huque : robe longue et flottante. Manteline : vêtement de parade semblable à la journade.
2. Voir le tome Ier : « Le chapel de fer ».
3. Voir le tome Ier : « La maille ».

Les compagnies d'ordonnance autrichiennes

Lorsqu'en 1477 l'empereur Maximilien vint prendre possession des belles terres apportées en dot par la fille du Téméraire, Marie de Bourgogne, il ne trouva que les débris d'une armée désorganisée et des provinces qui avaient arraché à leur jeune souveraine le retour aux anciennes coutumes du service militaire féodal.

CAVALERIE LÉGÈRE (I)

1. Arbalétrier à cheval, 1540. Il porte une bourguignotte à crête triple. — 2. Argoulet, 1560. Inspiré de l'Espagne, l'argoulet devint le carabin par l'adoption, vers 1590, d'une arme plus courte, une escopette longue d'un mètre. L'argoulet tirait son nom de l'Argolide, une région de la Grèce, et le carabin de la province italienne de Calabre. — 3. Arquebusier à cheval, 1590. — 4. Pistolier, 1560. — 5. Chevau-léger allemand en demi-armure, milieu du XVIe s. La bourguignotte de type « hongrois » ou « oriental » était d'une facture typiquement allemande. — 6. Arquebusier à cheval dit aussi *ferentario*, vers 1590.

1
2
3
4
5
6

Bien que réduites à des effectifs squelettiques, les bandes d'ordonnance, ces fameuses « légions de Mars », n'avaient pas été licenciées. Maximilien les conserva, les ramenant toutefois à cinquante hommes d'armes, cinquante archers à cheval et cinquante archers à pied, et leur donnant pour chef non plus un conducteur mais bien un capitaine. Si les compagnies conservaient une existence légale, elles ne furent plus jamais réunies ni utilisées à la guerre.

En 1522, Charles Quint fixa à huit compagnies de cinquante hommes d'armes et de cent archers l'effectif de cette cavalerie d'ordonnance. De nouvelles bandes ou « bandes de crue » leur furent adjointes, sans pour autant s'y confondre et pour les besoins de la guerre seulement. Les compagnies d'ordonnance « du pays de par-deçà » demeurèrent l'école des armes de la noblesse et accueillirent des nobles même parmi les simples archers[1]. Tous étaient sujets de Sa Majesté et natifs des Pays-Bas.

Portées à dix-neuf compagnies en 1545, puis réduites à quinze en 1547, les bandes d'ordonnance comprenaient chacune dix « lances ». La « lance » de 1547 était de cinq cavaliers : un homme d'armes, un page, un coustilier, deux archers. La compagnie représentait donc cinquante hommes, plus un capitaine, un lieutenant, un porte-enseigne, un guidon, un capitaine des archers, un ou deux trompettes et un chapelain. On conserva la division en escadres et en chambres établie par Charles le Téméraire.

L'infanterie, quoique rattachée administrativement aux bandes, formait en marche des corps distincts commandés par leurs propres chefs.

L'équipement

L'homme d'armes portait l'armure du temps sous une saye ou « sayon complet » à manches courtes et à jupe épaisse à gros plis, ou encore la jupe seule dite demi-saye. L'archer, en fait un chevau-léger, portait une demi-cuirasse et maniait le « bon espieu » ou la « hacquebute ».

1. Si le terme subsistait, l'arc avait été abandonné depuis longtemps.

Tous les souverains de la descendance de Charles Quint, Philippe II, Philippe III, Philippe IV et Charles II, entre 1555 et 1700, apprécièrent l'institution des bandes d'ordonnance et les maintinrent dans les meilleures conditions possible. Pour l'époque qui nous intéresse, cette superbe cavalerie combattit la France de 1520 à 1559, puis aux côtés de la Ligue en 1567 et 1568, à Arques en 1589, etc., consentant de lourds sacrifices au nom de Leurs Très Catholiques Majestés.

La condotta

La multitude de petits États et principautés qui morcelèrent l'Italie à la suite des guerres entre guelfes et gibelins et de la papauté contre l'empire, prirent

ESTRADIOTS ET GENÉTAIRES

1. Estradiot portant un étendard huguenot capturé, vers 1570. — 2. Genétaire maure au service de l'Espagne où il était l'équivalent du « stradiot » italien et français. Il était armé du cimeterre et de la légère *jineta* (genette). Selon certains, toutefois, il ne tirait pas son nom de cette lance mais bien des deux genets d'Espagne qu'il emmenait au combat. — 3-5. Estradiots, début du XVe s. L'encoche du bouclier, du type dit « targe bohême », n'était pas destinée à braquer la lance comme on le prétend souvent, mais servait à observer l'ennemi pendant le combat. La lance, très légère, s'utilisait d'ailleurs à bout de bras comme une sagaie, à la façon orientale. Elle pouvait atteindre trois mètres de long.

Les estradiots — du grec *stratiôtês* (soldat) — étaient des mercenaires d'origine balkanique émigrés en Italie, où ils se mirent à la solde du roi de France Charles VIII lors de son expédition de Naples en 1495. Ces « stradiots » ou « Corvats » (Croates) ou encore « Albanais », ainsi qu'on les nommait communément, disparurent, complètement exterminés, à la bataille de Coutras en 1587, pendant les guerres de religion. Ils appartenaient à l'armée de Henri III, commandée par le duc de Joyeuse, et qui fut battue par les troupes protestantes de Henri de Bourbon, le futur Henri IV.

1
2
5
3
4

tous des mercenaires à leur solde. Ce furent les Catalans qui marquèrent l'avènement des condottieri au XIVe siècle : leur compagnie des almugavares[1], avec leur *capdil* — chef, guide en catalan —, servit en Aragon, en Catalogne, en Italie et à Byzance. Ils se différenciaient pourtant assez nettement de la *condotta* italienne, plus régionale.

On connaît les fameux condottières et leur destin souvent tragique : Piccinino, Vitelli, Vigate, Carmagnola ne jouiront pas de la fin paisible du plus célèbre d'entre eux, Bartolomeo Colleoni, le fameux Colleone immortalisé par la statue équestre de Verrocchio à Venise, mais qui n'a jamais remporté de victoire éclatante. On oublie souvent que leurs prédécesseurs furent des Allemands, tels Urslingen, Hanneken et Baumgarten, ou des Anglais, notamment les frères Hawkwood. C'est en 1379 qu'apparaissent les premiers grands condottières italiens avec Alberico di Barbiano et sa compagnie de Saint-Georges.

Le mot de condottiere évoque infailliblement le fracas de chocs épiques, de batailles farouches... et pourtant ces affrontements se soldaient presque toujours par de très faibles effusions de sang, voire même sans un seul blessé. Le condottiere menait la « bonne guerre » faite de lenteur calculée et de prudence, recourant à la diplomatie et à la *combinazione* plutôt qu'aux brutalités de la « mauvaise guerre » des Suisses et des Allemands. Il n'oubliait jamais quel capital précieux représentaient ses soldats dont il avait lui-même souvent payé les armes et les chevaux.

La *condotta*, qui avait un capitaine à sa tête, se composait d'un nombre variable de bannières. Chacune, commandée par un *bannererius* ou connétable, groupait vingt-cinq « lances ». Vingt « lances » formaient un « squadron », dix une enseigne, commandée par un décurion. Le « poste » comprenait cinq « lances » sous les ordres d'un caporal.

La « lance », unité tactique, comprenait l'homme d'armes, son écuyer et son page. Les gens de pied, peu nombreux, pouvaient s'adjoindre à la compagnie : on les nommait *fanti*, d'où est venu notre fantassin.

1. De l'arabe *al-moughâvar,* celui qui fait des raids.

La cavalerie légère

Les premiers cavaliers légers organisés apparurent au IXe siècle, avec les archers et les arbalétriers à cheval, concurrencés dès la fin du siècle par les tireurs de « traits à poudre ». Nous en montrons de nombreux exemples dans ces deux tomes.

Les chevau-légers

Ce furent les archers de bandes d'ordonnance qui inspirèrent, par leur exemple, la création de corps distincts de compagnies d'élite que l'on nomma chevau-légers. Beaucoup de postulants archers en surnombre se rabattirent sur cette nouvelle formation.

LE CUIRASSIER

1. Cuirassier vers 1600, avec la cuirasse à cuissots à écrevisse. Le plastron de renfort formait une cuirasse double dite « haubergeois ». Il compensait quelque peu la pauvre qualité de ce type d'armure de munition, fabriqué industriellement, au moindre coût possible. De telles armures ne pesaient plus qu'une douzaine de kilos. — 2. On voit ici la pose du « batte-cul » ou « garde-reins », amovible. Les cuissots se suspendaient de la même façon (voir fig. 1). — 3. À part l'absence de lance, rien ne distinguait le cuirassier du lancier si ce n'est un cheval de moindre prix, une épée plus lourde et des pistolets d'un calibre supérieur. — 4. Armure de type « cuirassier », vers 1595. Indépendamment de ses ciselures, son fini poli indique déjà une qualité infiniment supérieure à l'armure de munition des fig. 1 à 3. Elle pesait près de 30 kilos.

Encore appelé « corasse » ou « corassier » au début du XVIIe siècle, le cuirassier constituait la « cavalerie de choc » ou « gendarmerie » en compagnie du lancier, lequel commença à se raréfier à partir de 1560 faute de bons chevaux, de solde suffisante et par conséquent d'entraînement. — Ce type d'armure « à écrevisse », souvent appelé fort improprement « demi-armure » (*halber Harnisch* en allemand) alors qu'il n'y manque que les « grèves » des tibias, est nommé *three quarter armour* ou encore *cuirassiers's armour* en Angleterre, et l'Italie lui donne le nom d'*armatura da corazza*.

3
4
1
2
L.&F. FUNCKEN

Leur armement défensif et offensif fut toujours plus léger que celui de la grosse cavalerie des hommes d'armes de la gendarmerie. Moins coûteux à entretenir et à équiper, montés sur des chevaux de taille souvent médiocre, les chevau-légers existèrent en nombre de plus en plus élevé. Appelés parfois « salades », ils se groupaient en « cornettes » de cent à deux cent cinquante hommes. On les nomma aussi « chevalseurs » et « chevaucheurs » avant de s'en tenir à leur appellation courante.

Les arquebusiers à cheval

En France, ce type de combattant fut adjoint au chevau-léger et au gendarme, par petites bandes de dix à cinquante hommes. Une ordonnance de François Ier, datée de 1534, fixait l'armement : une petite arquebuse de 2,5 à 3 pieds de long (0,81 mètre à 1,07 mètre) était portée dans un étui de cuir bouilli, suspendu à l'arçon de droite; à gauche se suspendait une massue; l'épée complétait cet arsenal.

Dragons, carabins et argoulets

De ces trois « spécialistes », l'argoulet est le plus ancien. Archer ou arbalétrier sous Louis XI, il adopta l'arquebuse légère au XVIe siècle et acquit très vite le surnom de « croque-moutons » en même temps que le mépris du reste de l'armée. Il subsista jusque sous Charles IX.

Les premiers dragons-lanciers et dragons-arquebusiers furent créés en Allemagne à la fin du XVIe siècle. Le terme de « dragon » désignait parfois, en France, l'arquebusier à cheval.

Le carabin, apparu dans les textes sous le règne de Henri II, était l'homologue de l'argoulet espagnol. Originaire de Calabre, le « calabrin » devenu « carabin » donna son nom à la moderne carabine. Il est toutefois très probable qu'il utilisait une escopette de 1,17 mètre de long au moins. C'était une arme à canon rayé[1], redoutable par sa précision et sa puissance.

D'origine roturière, les arquebusiers montés ne jouirent jamais de l'estime des cavaliers lourds ou légers fournis par la noblesse, tout au moins en France, où on leur réservait les missions subalternes et la plupart des corvées.

Les estradiots

Connus en France depuis la bataille de Fornoue (1494), ces véritables « cosaques du XVe siècle », nommés tantôt « Albanais », tantôt « stradiots » ou « estradiots » — du grec *stratiôtês* (soldat) —, « estoient, dit Commines, tous grecs, venus des places que les Vénitiens ont en Morée et devers Duras[2], vestus à pied et à cheval comme les Turcs, sauf la tête où ils ne portent pas cette toile qu'on appelle toliban (turban) ».

Outre leur cafetan matelassé, les estradiots se garantissaient des coups d'arquebuse par le port... du premier chapitre de l'évangile de saint Jean. Après le gant de mailles, le gant d'acier puis la cuirasse et le cabasset vinrent compenser la faible efficacité du saint écrit.

CAVALERIE LÉGÈRE (II)

1. Dragon-lancier allemand, 1600. Il formait avec le dragon-arquebusier de la fig. 2 un type de cavalerie mixte utilisé par petites unités en Allemagne. — 2. Hussard hongrois, 1600. Outre la lance et l'épée, il est armé d'un *hegyestör* ou épée-pique destinée à affronter la cavalerie cuirassée. (Voir aussi les planches consacrées aux épées.) C'était l'équivalent du vieux « branc » occidental représenté dans le tome Ier de cet ouvrage). — 3. Arquebusier à cheval dit parfois bandolier ou bandoulier (en allemand *Bandolierreiter)*, armé d'une arquebuse à rouet. On distingue le « fourniment » complet avec le sac de balles, la clef du rouet et les flasques de poudre d'amorce (la petite) et de charge. La bandoulière retenait l'arme par un anneau coulissant le long d'une tringle. Le nom de bandoulière sera plus tard appliqué à la banderole portant les charges toutes prêtes des arquebusiers et des mousquetaires à pied (voir les planches particulières). La cuirasse est échancrée afin d'épauler plus sûrement. — 4. Dragon-arquebusier à cheval, vers 1600. Il est armé d'une arquebuse à mèche et, à part la clef, possède le même fourniment que la fig. 3. Le chargement de l'arme s'effectuait obligatoirement de cette façon.

1. Voir les armes rayées au chapitre des armes à feu, page 56.
2. Durrës (en italien Durazzo), port d'Albanie.

1
2
3
4

Coiffés du feutre à fond haut dit « à l'albanoise », ces rudes chevaucheurs touchaient des Vénitiens un ducat... par tête de Français! Louis XII enrôla deux mille de ces mercenaires dont Jean Marot disait : « Vont de si roide sorte qu'il semble bien que tempête les porte » *(Voyage de Venise)*. Ils disparurent sous Henri IV.

Les reîtres

Originaires d'Allemagne, les *Reiter* (cavaliers) étaient, à l'origine, puisés par le *Ritter* (chevalier) parmi ses serfs. Affranchi selon des rites inspirés des vieilles cérémonies germaniques d'initiation, le serf devenait *Meister* (maître à cheval), une sorte d'écuyer banneret. Chaque élu recevait un valet choisi parmi les serfs non affranchis[1].

Dès le XVe siècle, les compagnies de reîtres des fameuses « bandes noires »[2] commencèrent à connaître la notoriété. L'Espagne et la France louèrent leurs services, particulièrement au cours des guerres de religion. Leur arme nouvelle encore, le pistolet à rouet, fit merveille face à la gendarmerie traditionnelle qui répugnait à utiliser d'autres armes que la lance et l'épée, armes chevaleresques par excellence.

On a prétendu que la gendarmerie les enfonça maintes fois, mais le plus honnête et le mieux placé des chroniqueurs, La Noue, nous affirme le contraire dans ses *Discours politiques et militaires* (1585). Brantôme, lui, nous dit qu'ils « estoient armez jusques aux dents et bien empistolez », d'où le nom de pistoliers ou de diables empistolés dont on les gratifia souvent.

Formés en gros escadrons de cinq cents à plus de mille reîtres, ils chargeaient sur vingt à trente rangs qui déchargeaient l'un après l'autre leurs pistolets, regagnant aussitôt la queue de leur escadron. Cette manœuvre s'appelait le « limaçon » ou le « carocel ». L'escadron se divisait en « cornettes » ou compagnies commandées par un *Rittmeister*. Les effectifs se recrutaient surtout dans le Brunswick, la Saxe et la Rhénanie-Palatinat.

Le « diable noir » ne marchait que bien payé. Il recevait une prime d'enrôlement dite *Laufgeld* puis une indemnité de route — *Aufreisegeld* —, ensuite, une fois sur place, la « monstre » ou solde ordinaire.

L'état de « barbouillé » — de « chaffouré », comme on disait également — était si rentable que de nombreux jeunes Français bien nés étaient envoyés en stage d'apprentissage de la langue allemande dans des familles apparentées à un *Rittmeister*, afin d'avoir la possibilité de s'enrôler dans l'un ou l'autre escadron. « Tout l'argent de France servant à payer des reîtres, on espérait ainsi voir ses enfants employés aux levées de reîtres ».

Présents au combat de Renty en 1554, les reîtres étaient sept mille sous Henri II en 1558. De 1562 à 1569, ils combattirent dans les camps huguenots et royalistes, mais l'année 1587 devait leur être fatale : ils furent pratiquement exterminés à Auneau, près de Chartres. On combla les fossés du château avec les casques et les armures des morts, et pendant deux siècles, les paysans vinrent puiser dans cette « mine de fer » les ferrailles nécessaires à la réparation de leurs instruments agricoles. Le grenier du château

CAVALERIE LÉGÈRE (III)

1. Chevau-léger, 1550. — 2. Arquebusier à cheval avec la bandoulière et les charges séparées prêtes à l'emploi, 1600. — 3. Chevau-léger, 1550. — 4. Chevau-léger, 1550. Les rondelles protégeant les aisselles se rencontraient encore plus d'un siècle après leur apparition. — 5. Arquebusier avec la mandille, une sorte de dalmatique à manches curieusement empruntée à la garde-robe des laquais. Cette mode fit fureur dans toute l'Europe de 1570 à 1580. On plaçait la mandille sous les épaulières (voir aussi la fig. 1) et les manches étaient généralement portées flottantes.

1. On pense que ce sont ces valets qui donnèrent naissance aux lansquenets, lorsque les reîtres partirent servir à l'étranger, au XVe siècle.

2. Ce surnom d'allure sinistre était dû tout simplement à la couleur symbolique des huguenots allemands.

1
2
3
4
5

recelait encore, au XVIIIe siècle, une masse énorme de vestiges de la funeste journée.

Cuirassiers et lanciers

Les corasses, appelés par après cuyrasses puis cuirassiers, naquirent au milieu du XVIe siècle. C'était une cavalerie bâtarde qu'on avait créée pour pallier la carence de cavalerie lourde provoquée par les pertes en hommes d'armes et en chevaux convenables. Ruinés par les guerres, de nombreux gentilshommes ne parvenaient pas à se remonter comme ils l'auraient voulu, et les chevaux bien dressés étaient pratiquement introuvables.

Mais le lancier lui-même existait-il encore ? La puissance de feu grandissante de l'infanterie avait dû écœurer plus d'un foudre de guerre[1]. Les belles compagnies de la gendarmerie d'ordonnance avaient ellesmêmes beaucoup perdu de leur valeur depuis le règne de Henri II. La charge au trot, adoptée faute de chevaux de bonne qualité, faisait perdre toute efficacité à la lance au point de permettre à La Noue d'écrire : « La pistole peut fausser les armes défensives et la lance non. Il y a du miracle quand quelqu'un est tué de la lance. » (*Quinzième discours,* 1590.)

Dans les Pays-Bas autrichiens de la fin du XVIe siècle, les cavaliers des compagnies d'ordonnance avaient troqué leur titre de gendarme contre celui de lancier, et à la même époque, en France, les seuls lanciers véritables n'existaient plus que dans les troupes de la Ligue avec leurs mercenaires espagnols et italiens.

Walhausen écrivait en 1618[2] : « La corasse est une invention de notre temps entrée en usage il y a cinquante ou soixante ans, car les lanciers commençant à défaillir en France et aux Pays-Bas, on n'en pouvait fournir à suffisance et on a été contraint de se servir de corasses à leur place... Ôtez au lancier sa lance et son bon cheval, en lui donnant un moindre pesant et inutile pour une subite violence, ce sera alors un corassier. »

1. Un dicton espagnol disait : « mort le cheval, perdu le cavalier ». Le cheval était la cible recherchée avant tout.
2. *L'Art militaire à cheval.*

TROISIÈME PARTIE

ARMES, CHEVAUX ET TOURNOIS

Les armes à feu

L'arquebuse

Nous avons vu, dans notre premier tome, évoluer le grossier « trait à poudre » vers l'ébauche déjà fort ressemblante de l'arquebuse, dont la silhouette évoquait le fusil moderne sans aucune confusion possible.

Son nom dérive de l'italien *archibuso*, lui-même une altération du néerlandais *hakebusse*, de l'alle-

LE PISTOLET

1. À mèche, vers 1460. — 2. À deux charges superposées, vers 1560. Le pommeau en boule, ouvrable, contenait des pyrites de rechange. — 3. Curieux modèle allemand à angle droit, vers 1550. Les pommeaux en boule, souvent considérés comme des massues, sont la plupart du temps beaucoup trop légers pour avoir pu remplir cet office. — 4. Poire à poudre - remontoir, vers 1550. — 5. Italien, 1590. — 6. Espagnol, à remontoir à bielle, vers 1550. Il évitait les risques de perte de la clef-remontoir nécessaire pour bander le ressort du rouet (voir le mécanisme sur la planche suivante). — 6a. Remontoir de crosse, 1550. — 7. Modèle allemand nain de 5 cm de long. Il tire néanmoins une balle de 2 mm de diamètre. La même forme de crosse se retrouvait sur des modèles de taille normale (7 a), 1570. — 8. Allemand, 1591. — 9. Français, de 58 cm de long, 1580. — 10. De type milanais, 1580.

11. Pistolier armé de quatre pistolets, vers 1580. Cette puissance de feu, supérieure à celle d'un cavalier ordinaire, était censée lui assurer un important avantage tactique. Ce « pistoyer » est revêtu d'une pèlerine en mailles dite « manteau d'évêque », particulièrement appréciée en Allemagne au XVIe s.

Les pistolets de guerre étaient rarement décorés pour d'évidentes raisons d'économie. Cette simplicité leur a valu une quasi totale disparition, tandis que les modèles de luxe existent encore en assez grand nombre.

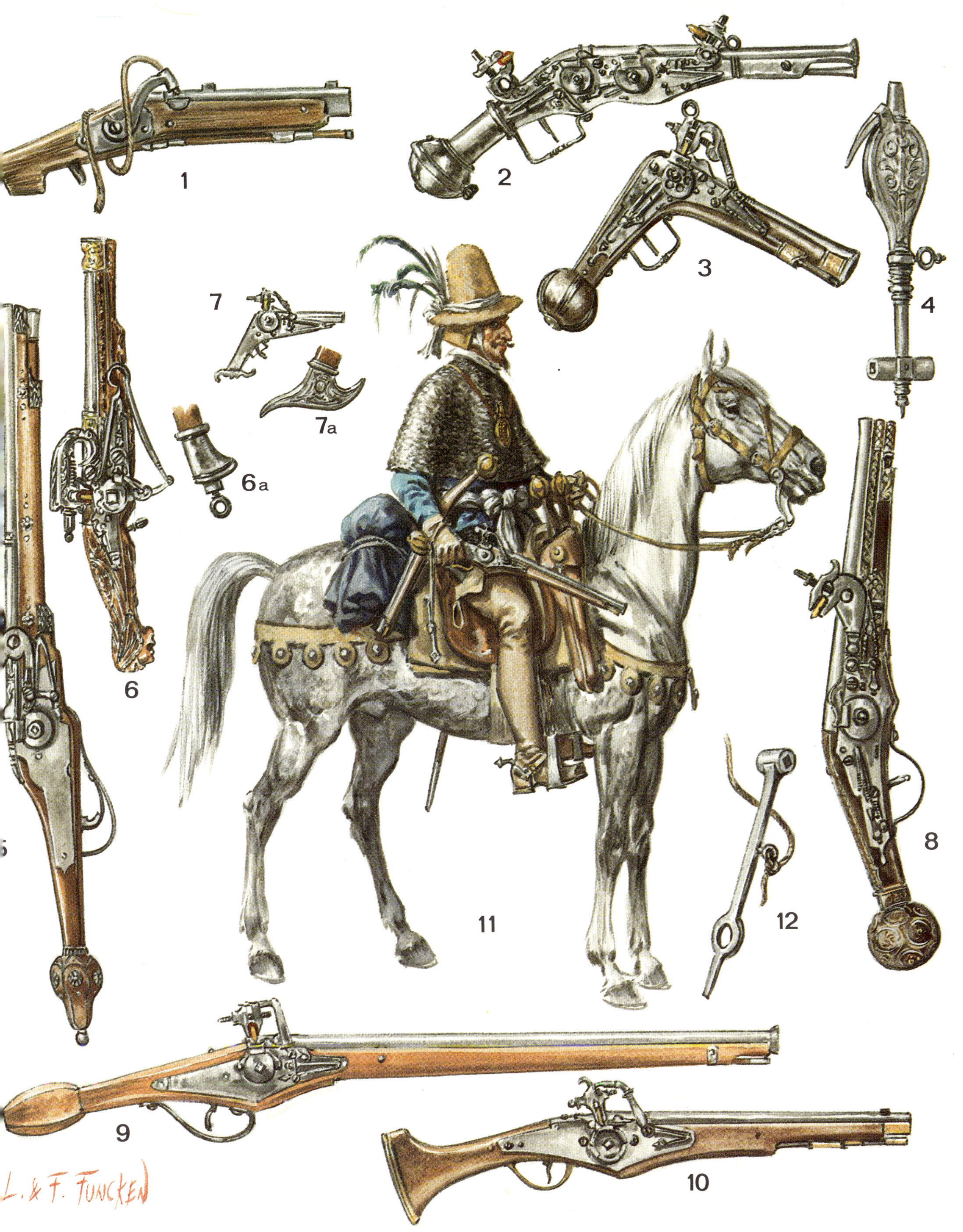
1
2
3
4
7
7a
6a
6
8
11
12
9
10
L. & F. FUNCKEN

mand *Hakenbüchse* qui signifie « canon à crochet ». Ce crochet n'est autre que l'appendice fixé sous le canon, qui servait à supprimer le puissant recul de l'arme à l'aide de l'affût-chevalet ou, tout simplement, du merlon du parapet des forteresses (voir tome Ier, page 67, fig. 7). Certains des meilleurs auteurs étendent le *Haken* au serpentin porte-mèche ou encore à la crosse, ayant l'un et l'autre la forme d'un croc. Il faut néanmoins remarquer que les premières « haquebuses » n'avaient pas de crosse courbe. De même, à notre avis, le terme *Doppelhaken* ne s'applique pas au double serpentin porte-mèche mais au calibre double des arquebuses lourdes de rempart.

En Angleterre, l'arquebuse se nomma indifféremment *hagbuse, hackbushe, hackbut, harkbutte, hagbut,* etc. On remarquera l'altération progressive du *hack* et l'adoption du *but* ou *butte* en lieu et place du *Büchse* original. Or on trouve en anglais moderne *butt* avec des sens divers : bout, souche d'arbre, crosse de fusil, coup de corne... ; *hag,* pour sa part, signifie sorcière, vieille fée. Est-il trop audacieux d'imaginer les Anglais du début du XVIe siècle associant la nouvelle arme à une sorte de magie maléfique ?[1] Maléfique elle le fut, ô combien !

Qualifiée d'exécrable, cette arme diabolique proliféra en dépit des protestations de la noble chevalerie désormais vulnérable au coup d'arquebuse du premier goujat venu. Bayard lui-même, preux entre tous, ordonnera la pendaison de tout arquebusier capturé ! Le grand chevalier mourra d'une arquebusade qui lui brisera l'épine dorsale, le 30 avril 1524.

L'arquebuse à croc, ou plutôt la haquebuse ou hacquebutte ordinaire pesait encore, au début du XVIe siècle, vingt à trente kilos. Mais on avait vu apparaître très tôt une arme plus légère susceptible d'être épaulée et tirée par un seul homme, et depuis 1475 l'arquebuse à mèche, à couvre-bassinet et à détente à ressort était fabriquée industriellement en Allemagne. Dotée vers 1510 de l'ultime perfectionnement du pare-feu[2] qui protégeait les yeux des tireurs des projections incandescentes résultant de la brutale ignition de la poudre d'amorce du bassinet, l'arquebuse allait équiper l'infanterie jusqu'en 1700, dans les pays les moins argentés tout au moins.

1. Puissent nos amis les grands spécialistes britanniques et irlandais W. Carman, A. Mollo et G. Thompson nous pardonner ce périlleux mais tentant essai de sémantique.
2. Ou pare-flamme. En anglais ancien : *fyre-garde* ou *fyreshielde*.

La platine à mèche

Tout à fait simpliste et facilement explicable par les dessins, cette platine utilisait un serpentin portant une mèche à combustion lente qu'il fallait « compasser », c'est-à-dire ajuster, pour lui faire toucher exactement le bassinet d'amorçage jouxtant la lumière du canon par laquelle la charge principale était mise à feu.

LES PLATINES (I)

1. Haquebute à mèche, seconde moitié du XVe s. On la nomme aussi arquebuse à croc ou arquebuse butière. Le croc servait à limiter le recul à l'aide du rempart ou du chevalet sur lequel on posait l'arme pour tirer. — 2. Arquebuse à mèche, vers 1500. La détente est en forme de bouton (a). — 3. Arquebuse à mèche, vers 1580. Longueur : 1,36 m. — 4. Mousquet à mèche, vers 1590. Longueur : 1,78 m. Son poids (10 kilos) nécessitait l'emploi d'une fourquine d'appui. a. crosse dite affût ; b. gros vérin ; c. détente dite clef ou ressort. — 5. Arquebuse à mèche et à barillet à dix coups, vers 1530. Le même système, bien entendu manuel, s'appliquait au pistolet. — 6 et 7. Arquebuse à mèche se chargeant par la culasse, vers 1540. — 8. Mousquet à rouet, XVIe s. Il possède une double détente pour le tir de précision. — 9. *Mönchsbüchse* (arquebuse de moine), début du XVIe s. Longue de 29 cm pour un calibre de 1,2 cm, cette arme simpliste a été souvent représentée avec des dimensions ridiculement exagérées. Sa râpe (a) en fait l'ancêtre du système à rouet. On l'actionnait en tirant sur l'anneau b. On pointait l'arme à l'aide de l'anneau c. En d, le crochet de suspension. — 10. Carabine à rouet, fin XVIe s. — 11. Petite arquebuse à rouet du type germano-polonais, dite *Tchinke,* vers 1600. Son mécanisme extérieur en facilitait l'entretien mais redoutait les chocs. — 12. Vue extérieure et intérieure d'une platine à mèche de la fin du XVIe s., avec son pare-flamme (a) évitant les projections de la poudre d'amorce. — 13. Vue intérieure (position de tir) et extérieure (position de chargement) d'une platine à rouet.

1
a
2
3
a
b
4
c
a
12
a
8
7
9
a
b
c
d
13
10
6
11
L. & F. FUNCKEN

Les projectiles en pierre, puis en plomb, étaient entreposés dans une sacoche, mais on avait l'habitude d'en tenir deux à quatre en bouche pendant le tir pour gagner du temps. Cette pratique était tellement courante que les troupes qui capitulaient avec les honneurs de la guerre avaient le privilège de défiler les balles en bouche[1]. Le fourniment de l'arquebusier se complétait par la flasque à poudre fine d'amorce, une flasque plus grande, pour la poudre de charge, et deux à trois mètres de mèche de rechange. Ce fourniment compliqué, dit « hollandais », devait être conservé jusqu'au début du XVIe siècle.

Soucieux de le simplifier quelque peu, on imagina de petits tubes de bois[2] contenant une charge toute prête, parfois même avec la balle. On croit souvent que ces charges en chapelet n'apparurent qu'au début du XVIIe siècle, mais elles sont plus anciennes. Dans leur style large et précis, les gravures allemandes des premières décennies du XVIe siècle nous les montrent sur des arquebusiers de lansquenets.

Une peinture de Melchior Felsen représente par ailleurs des arquebusiers du Saint Empire germanique qui se servent d'arquebuses allant du type primitif sans serpentin au modèle dernier cri, doté de la platine à rouet. Il est évident que, par raison d'économie, les armes démodées étaient utilisées jusqu'à usure complète, et on continuait même probablement à les fabriquer, en raison de leur prix de revient très bas par rapport aux « nouveautés ».

La platine à rouet

Un second pas considérable dans le développement du système de mise à feu fut accompli entre 1515 et 1520 par les actifs armuriers allemands de Nuremberg : le rouet, agissant par frottement contre une pyrite[3]. L'idée initiale avait été émise par Léonard de Vinci entre 1480 et 1485. Avant lui, au début du XVe siècle, un anonyme avait déjà exploité les propriétés de la pyrite avec la *Mönchsbüchse* — arquebuse de moine — montrée dans les illustrations.

Le système à rouet utilisait une roue moletée qui était reliée à un ensemble ressort-chaînette bandé par un quart de tour de clef. Pour tirer, on rabattait le chien avec sa pyrite sulfureuse au-dessus du couvre-bassinet. La détente pressée faisait glisser le couvre-bassinet et déclenchait simultanément la rotation du rouet dont les cannelures arrachaient les étincelles nécessaires à la mise à feu. Le silex pouvait être employé mais il usait rapidement la molette. La pyrite, par contre, était très friable et laissait d'importants dépôts préjudiciables au bon fonctionnement du délicat mécanisme, lequel exigeait un entretien attentif et constant.

1. Coutume encore en usage en 1750.
2. Le bois était préféré au fer blanc et au cuivre, trop sonores et tenant moins bien la poudre « fraîche ».
3. La pyrite jaune ou pyrite cubique est un bisulfure de fer existant sous la forme de cristaux cubiques. Elle a un aspect métallique et peut prendre par polissage un très beau brillant, fort semblable à celui de l'or. On la nommait autrefois pyrite martiale ou pierre d'arquebuse.

LES PLATINES (II)

1. Mousquet à platine jumelée combinant le rouet et le chenapan, milieu du XVIe s. — 2. Baudrier d'arquebusier avec rabat protecteur. Chaque tube contenait une charge de poudre. Les balles se trouvaient dans le sac. On amorçait avec la poire à poudre spéciale. — 3. Baudrier d'arquebusier avec ses « douze apôtres », qui pouvaient être moins nombreux ou atteindre, au contraire, la quinzaine de cartouches. Au-dessous (a), une cartouche ouverte. — 4. Pistolet allemand à mécanisme extérieur du type chenapan, 1580. Il ne détrônera jamais la platine à rouet dans son pays. — 5. Pistolet écossais à chenapan hollandais du début du XVIIe s. — 6. Tromblon à platine « à la miquelet », fin du XVIe s. — 7. Pistolet « à la miquelet », début du XVIIe s.

8. Vue extérieure et intérieure d'une platine à chenapan du type italien, vers 1600. — 9. Platine à chenapan du type écossais. — 10. Platine à chenapan du type hollandais avec son bouton de bassinet caractéristique. — 11. Platine « espagnole » dite « à la miquelet », inventée vers 1587. C'est la dernière étape très proche de la fameuse platine à silex apparue en 1630 et adoptée peu à peu à travers l'Europe, pour connaître une utilisation universelle jusqu'au-delà des guerres du premier Empire (voir *L'Uniforme et les Armes des soldats de la guerre en dentelle*. tome Ier, p. 21). Le terme « à la miquelet » fut adopté en France au milieu du XVIIe s., époque où la platine espagnole était en usage chez les « miquelets » d'Aragon et de Catalogne.

12. Fourquine-épée de mousquetaire avec pistolet à rouet, fin du XVIe s. — 13. Fourquine-épée de mousquetaire, fin du XVIe s.

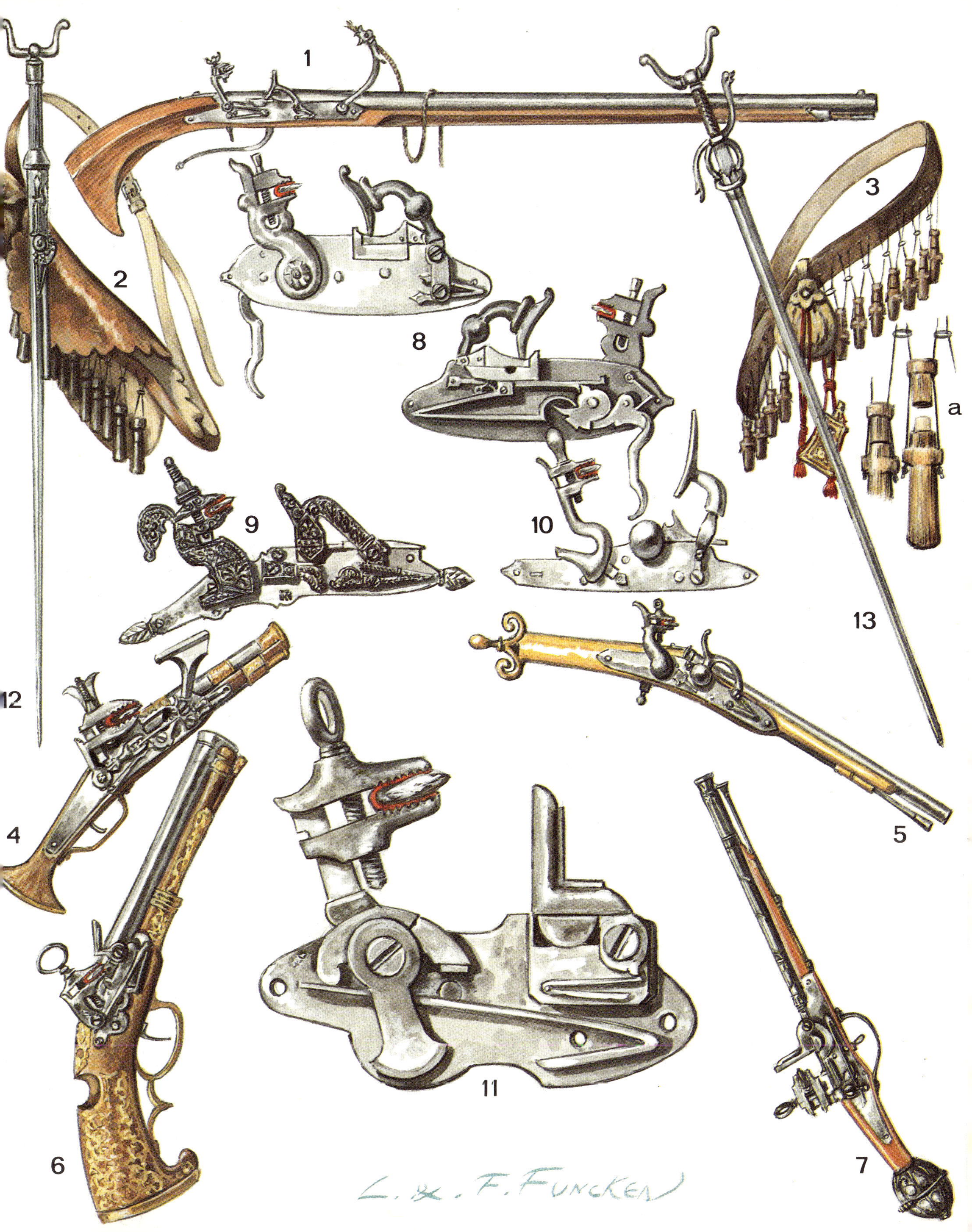

1
2
3
a
8
9
10
13
12
4
5
11
6
7
L. & F. Funcken

On se doute que cette platine avait un prix de revient élevé. Selon nos estimations, une arquebuse à rouet très ordinaire devait coûter en 1580 au moins quinze cents francs lourds alors qu'une arquebuse à mèche atteignait seulement trois cent cinquante à quatre cents francs.

Au prix d'achat élevé s'ajoutait un « service après vente » aléatoire, et renvoyer une arme à Nuremberg ou à Milan devait être une opération bien hasardeuse en ces temps troublés. L'Allemagne, qui n'avait pas les mêmes problèmes, utilisa le rouet fort tard, même après l'invention du système à silex, dans le domaine des armes de chasse.

La platine à chenapan

Le chenapan — le mot est une altération de l'allemand *Schnapphahn* (coq qui happe) —, apparut en Allemagne dans la seconde moitié du XVIe siècle et en Hollande dès 1530. De là il passa en Angleterre, où il arma les troupes expédiées en Irlande en 1580.

Le chenapan fonctionnait par le choc d'une pyrite sur une plaque de batterie rainurée. Le silex remplaça très vite la pyrite, faisant du chenapan l'avant-dernier stade avant la batterie à silex moderne. Son prix de vingt-cinq pour cent moins élevé que celui de la batterie à rouet, joint à sa robustesse et à sa simplicité de fonctionnement, en répandit l'usage dans toute l'Europe.

La platine à la miquelet[1]

Dernier stade avant la véritable batterie à silex, cette batterie fut inventée vers 1587. À l'époque elle était connue sous le nom de « platine espagnole » : son inventeur Marquarte travaillait en Espagne mais appartenait à la dynastie des Markhardt d'Augsbourg.

Il est stupéfiant de constater l'indifférence générale envers ce système révolutionnaire arrivé « à un cheveu » de celui qui allait armer l'Europe du XVIIe au XIXe siècle !

Le mousquet

C'est une arquebuse de fort calibre[2], parfois d'un calibre et d'un poids doubles de ceux de l'arquebuse ordinaire, qui apparut sous le nom de mousquet aux mains des Espagnols, en 1567. Empruntant son nom à l'italien *moschetto* (autrefois une sorte d'épervier[3]) ou à l'espagnol *mosca* (étincelles), le mousquet est d'origine incertaine. Ce qui est sûr, c'est qu'il fit sensation en trouant les armures avec une terrifiante efficacité[4].

1. Nous expliquons cette appellation à propos de la fig. 11, page 53.
2. Le mousquet tirait une balle d'environ 60 grammes, contre une de 30 grammes pour l'arquebuse.
3. Appelé en ancien français moschet, mouchet et en français moderne émouchet. « On sait combien il est commun de donner des noms d'animaux aux armes, par exemple les fauconneaux, les couleuvrines. » (Littré.)
4. Dès 1520, une arquebuse de rempart allégée fut adoptée en Espagne. Elle démontra son efficacité au siège de Pavie en 1524, perçant les meilleures armures de ses balles de 60 grammes. C'était déjà un mousquet.

ARQUEBUSIERS ET MOUSQUETAIRES,
DÉBUT DU XVIIe SIÈCLE

1. Arquebusier versant la poudre d'amorce dans le bassinet. Seuls les arquebusiers portaient encore un casque, les mousquetaires, plus lourdement équipés, préféraient un léger chapeau. — 2. Arquebusier attendant l'ordre d'épauler. Il couvre le bassinet avec deux doigts afin de prévenir toute mise à feu prématurée par la mèche posée sur le serpentin. La poudre d'amorce et de charge ainsi que les balles sont portées séparément avec le fourniment dit « fourniment hollandais ». — 3. Mousquetaire « reprenant sa fourchette » pour y poser son arme après l'opération de chargement. Cette figure et les suivantes montrent la bandoulière et ses charges toutes prêtes. La petite flasque ne servait qu'à amorcer le bassinet. — 4. Mousquetaire marchant. La fourchette est maniée comme une canne. — 5. Le mousquetaire entraîné parvenait à tenir son arme chargée en équilibre sur la fourchette avec l'aide de la main gauche seulement.

1
2
5
3
4

Son poids nécessitait l'usage d'un support pour l'ajuster : la fourche ou fourquine. L'abandon progressif de l'armure permit d'alléger le mousquet, ce qui rendit l'arquebuse inutile, et on ne conserva plus, dès lors, que le nom de mousquet[1].

De toutes les nations, la France fut la plus rétive à l'adoption de l'arquebuse puis du mousquet.

François Ier leur préférait encore l'arbalète au début de son règne. Vers 1534, il introduisit vingt pour cent de « haquebutiers » — arquebusiers lourds — et de « haquebousiers » — arquebusiers ordinaires — dans ses « légions ». Henri II en avait une proportion de trente pour cent en 1552. En 1572, Charles IX introduisait le mousquet, en dépit des réticences. En 1580, le mousquet ne tirait encore qu'une balle de 31,35 grammes et l'arquebuse une balle de 10,18 grammes, mais Henri II adoptait, en 1590, le puissant mousquet « monté à la wallonne » dont il dotait la moitié de son infanterie.

Le pistolet

Après quelques modèles à mèche créés à partir de 1460, semble-t-il, le pistolet à rouet apparut en Allemagne vers 1517 ou en Italie vers 1521.

Ce furent les reîtres qui firent connaître le pistolet. Son nom vient soit de Pistoia, la ville de son « inventeur » Camelio Vetelli, soit de la pièce d'or espagnole dite pistole[2] ou encore, plus vraisemblablement, de l'italien *pistallo,* pommeau de la selle auquel on suspendait le pistolet avant de le mettre dans les fontes. En Angleterre, on employait le terme *dag* ou *dagge,* qui était une contraction de *demi-hagbutt,* demi-arquebuse.

Dès son invention, le chenapan, beaucoup plus fiable, remplaça le rouet[3].

Les armes rayées

Les premières rayures apparurent au cours de la seconde moitié du XVe siècle, à peu près sûrement en Allemagne. L'Autrichien Gaspard Kollner en fit la démonstration à Leipzig en 1498. Il existe des arquebuses datées de 1460 qui possèdent huit, dix rayures et davantage, parallèles à l'axe du canon. Auguste Cotter, de Nuremberg, inventa un peu plus tard les rayures en spirale.

Il est amusant de constater que les continuateurs de Cotter, ou plutôt ses imitateurs, ne saisirent pas du tout le sens de cette découverte cruciale pour la balistique : ils s'ingénièrent à rayer les armes au gré de leur fantaisie, avec les piètres résultats que l'on imagine ! Heureusement, dès 1530, des armuriers plus avisés reprirent l'idée de Cotter et ne cessèrent plus de la perfectionner. Cependant, comme l'arme rayée était hors de prix et longue à charger[4], elle fut rarement employée à la guerre avant 1630.

ARMES D'HAST (I)

1. Parties du fer de la hallebarde, sur un modèle de la première moitié du XVIe s. : a. pointe ; b. poinçon ; c. lame ou fer de hache ; d. bec, croc ou harpin ; e. sabot ; f. embout ; g. attelles.

2. Hallebardier suisse et porte-bannière du canton d'Uri (tête de bœuf noire avec un anneau rouge dans les naseaux). Le casque du hallebardier est une superbe salade italienne de 1470 environ.

3-5. Première moitié du XVIe s. — 6-9. Milieu du XVIe s. — 10. Seconde moitié du XVIe s. — 11 et 12. Milieu du XVIe s. — 13. Seconde moitié du XVIe s. — 14. Milieu du XVIe s.

1. En 1600, l'arquebuse pesait 5 kilos et le mousquet 8 kilos. La balle de l'arquebuse pesait 25 grammes et celle du mousquet environ 50 grammes.
2. De même on appelait un petit pistolet court tercerole, du nom d'une pièce de monnaie italienne, le *terzarolo*.
3. Le pistolet tirait aussi des carreaux, de petits dards d'acier. Entre gens d'armes cuirassés, le tir s'effectuait à bout portant, l'arme littéralement appuyée contre la cuirasse de l'adversaire.
4. La rayure exigeait l'emploi d'une baguette de fer et d'un maillet pour enfoncer la balle au fond du canon.

1
a
b
c
d
e
f
g
2
3
4
5
6
7
8
9
10
11
12
13
14
L. & F. FUNCKEN

Les armes d'hast

La hallebarde

Est-ce l'aspect débonnaire de nos suisses d'église qui nous influence, le fait est que ce mot évoque souvent une arme d'opérette, promenée par quelque figurant des *Burgraves* ou de *Hamlet*. Cette *Helmbarte*, hache à manche — de *Helm* (manche) et de *Barte* ou *Parte* (hache) — venait en droite ligne du vouge, lui-même issu de la hache à long manche des guerriers du XIe siècle.

On a parfois affirmé qu'elle avait été importée de Chine au Danemark, au cours du XVe siècle, et de là en Allemagne puis en Suisse, d'où les Confédérés l'introduisirent en France dans les armées de Louis XI. Un simple coup d'œil à notre planche des armes d'hast du tome Ier prouve que l'arme en question n'a pas eu besoin du génie militaire des Chinois pour se développer tout à fait logiquement et acquérir une forme parfaitement adaptée à la mission meurtrière qui fut la sienne entre le début du XVe siècle et le milieu du XVIe.

À ce moment, la hallebarde, supplantée par l'arquebuse, commença à perdre ses caractéristiques d'arme de corps à corps. Elle perdit sa force de taille par l'atrophie de sa hache, tandis que sa pointe s'allongeait démesurément en un estoc effilé au cours de la seconde moitié du XVIe siècle. Parallèlement à cette métamorphose due aux nouveaux modes de combat de l'infanterie et de la cavalerie, subsista tant bien que mal une hallebarde de type traditionnel. Conservant dans son ensemble les caractéristiques anciennes, ce modèle est celui qui nous est le plus familier, avec sa hache découpée de diverses façons, dans un but beaucoup plus décoratif que fonctionnel. Elle armera les gardes royaux du temps et finira sa longue carrière au XVIIe siècle, comme arme d'apparat richement décorée.

La pique

Ressuscitée par les Suisses, après une longue absence dans l'histoire militaire, la longue pique des Grecs bouleversa la stratégie médiévale du XIVe siècle, ainsi que le démontre le chapitre consacré aux confédérés helvétiques. C'était une arme des plus simples faite d'une hampe, de frêne le plus souvent, munie d'un fer à douille ou à attelles dont les branches plus ou moins longues étaient fixées sur la hampe par des vis ou des rivets. Les fers affectaient la forme de la feuille de sauge ou avaient une pointe de section triangulaire ou quadrangulaire, plus ou moins effilée, qui était particulièrement redoutable pour les meilleures cuirasses.

La hampe prodigieusement longue des piques suisses permettait aux soldats du quatrième rang de dépasser encore d'au moins deux mètres la poitrine de leurs compagnons du premier rang. Les quatre rangs ainsi hérissés de piques présentaient un obstacle infranchissable pour la chevalerie; les rangs suivants tenaient leurs piques à la verticale, prêts à colmater une brèche éventuelle.

Avant de disparaître des champs de bataille, la pique s'allongea au point de dépasser parfois les sept

ARMES D'HAST (II)

1-6. Seconde moitié du XVIe s. — 7 et 8. Début du XVIIe s. — 9. Pertuisane, fin du XVIe s. — 10. Pertuisane ondée, début du XVIIe s. — 11. Fauchard du XVIe s. C'est le *falcione* des Italiens. — 12. Brindestoc ou brin d'estoc du XVIe s., à hache et à bec-de-corbin. C'est le *brandistocco* italien. — 13. Brindestoc à barbillons, XVIe s. Ce type d'arme recelait un long dard qui jaillissait du manche creux sous l'effet de la force centrifuge, par un vigoureux mouvement du poignet en demi-cercle. On l'utilisa surtout en Italie et en France. — 14. Fourche de guerre, dite aussi « harpin », début du XVIIe s.

15. Arquebusier vénitien du début du XVIe s., avec le brindestoc-fourquine à lame escamotable. — 16. Hallebardier allemand, début du XVIe s.

1
2
6
5
3
4
7
9
10
15
16
8
11
12
13
14

mètres. Gigantisme tout à fait inutile, à part le réconfort qu'il pouvait donner à des fantassins peu aguerris.

C'est l'arme à feu qui fit abandonner la pique, comme d'ailleurs les autres armes d'hast. Majoritaires pendant longtemps, les piquiers diminuèrent constamment en nombre au sein des bataillons à partir du milieu du XVIe siècle pour se réduire au tiers des effectifs de l'infanterie à la fin du siècle.

Aux « doubles-soldes » cuirassés du premier rang et aux « picques seiches » à paie simple qui formaient le restant des piquiers, on tenta de substituer un type de piquier uniformément cuirassé du corselet. Mais la puissance de la balle, l'accroissement des effectifs et la dépense exorbitante qu'entraînait ce cuirassement général n'amenèrent qu'une prolifération de mauvaises cuirasses, pratiquement inefficaces, dont le soldat se délestait à la première occasion[1].

La pertuisane

À côté de la hallebarde et de la pique se développa toute une variété d'armes courtes allant de l'épieu à l'élégante pertuisane. L'Italie exubérante et inventive produisit une foule d'armes aux fers de formes plus spectaculaires qu'efficaces, tels les corsèques (voir le tome Ier, page 117) ou les vouges et les guisarmes nouveau style enrichis de superbes gravures. L'Allemagne utilisa ces lourdes lames de luxe dans ses multiples cours, mais c'est la pertuisane ou « partisane »[2] qui exista en plus grand nombre, depuis le modèle le plus fonctionnel jusqu'aux pièces d'orfèvrerie des grands capitaines ou des gardes des seigneurs les plus fastueux.

Cette arme subsista dans de nombreuses cours européennes jusqu'au XVIIIe siècle, ainsi qu'aux mains des officiers et des sergents.

1. Il faut aussi noter que par une espèce d'accord tacite le mousquetaire combattait le mousquetaire, et le piquier attaquait le piquier dont l'arme ne pouvait pas aisément percer la cuirasse. C'était une survivance étrange des vieilles traditions entre « gens de métier ».
2. Pertuisane : de pertuis (ouverture) par allusion aux larges blessures qu'elle provoquait, ou simplement de partisan.
3. Voir la quatrième partie du tome Ier.

L'arc et l'arbalète

La poudre avait supplanté ces armes[3] dès le début du XVIe siècle, mais l'arc, bien qu'anachronique, resurgit de temps à autre, non sans succès. Ainsi, les Maures l'utilisèrent au siège d'Alger en 1541 et les Anglais devant Boulogne en 1549 !

La lance, arme d'hast

Déjà présente dans notre premier tome, la lance du chevalier avait longtemps été l'arme par excellence destinée à la charge destructrice contre l'infanterie ou au combat singulier avec le chevalier adverse.

LA LANCE ET L'ARRÊT DE CUIRASSE

A. Fers de lance : 1-3. XIIe s. — 4 et 5. 1250. — 6 et 7. 1270. — 8 et 9. 1350. — 10. Fin du XIVe s. — Tous dessinés à la même échelle, ces fers mesurent entre 7 et 36 cm.

B. Arrêts de cuirasse : 1. 1350, à clip. — 2. 1415. — 3. 1425, en simple crochet. — 4. 1440. — 5. 1450. — 6-8. 1480. — 9. 1490, avec une garniture amortisseuse de bois tendre — on utilisait aussi le plomb — dans laquelle venait s'incruster la grappe (voir la lance C1, en a). — 10 et 11. 1500. — 12 et 13. 1510. — 14. 1540. — 15. 1550. — 16. 1560. — 17. 1570. — 18. 1590.

C. Lances : 1. Fin du XIVe s., avec sa grappe en a. Longueur : 5 m. — 2 et 3. 1300. — 4. XVe s. — 5. Fin du XVe s. — 6 et 7. 1510. — 8. 1520. — 9-11. XVIe s. — 12. Début du XVIe s. Longueur : 3,40 m.

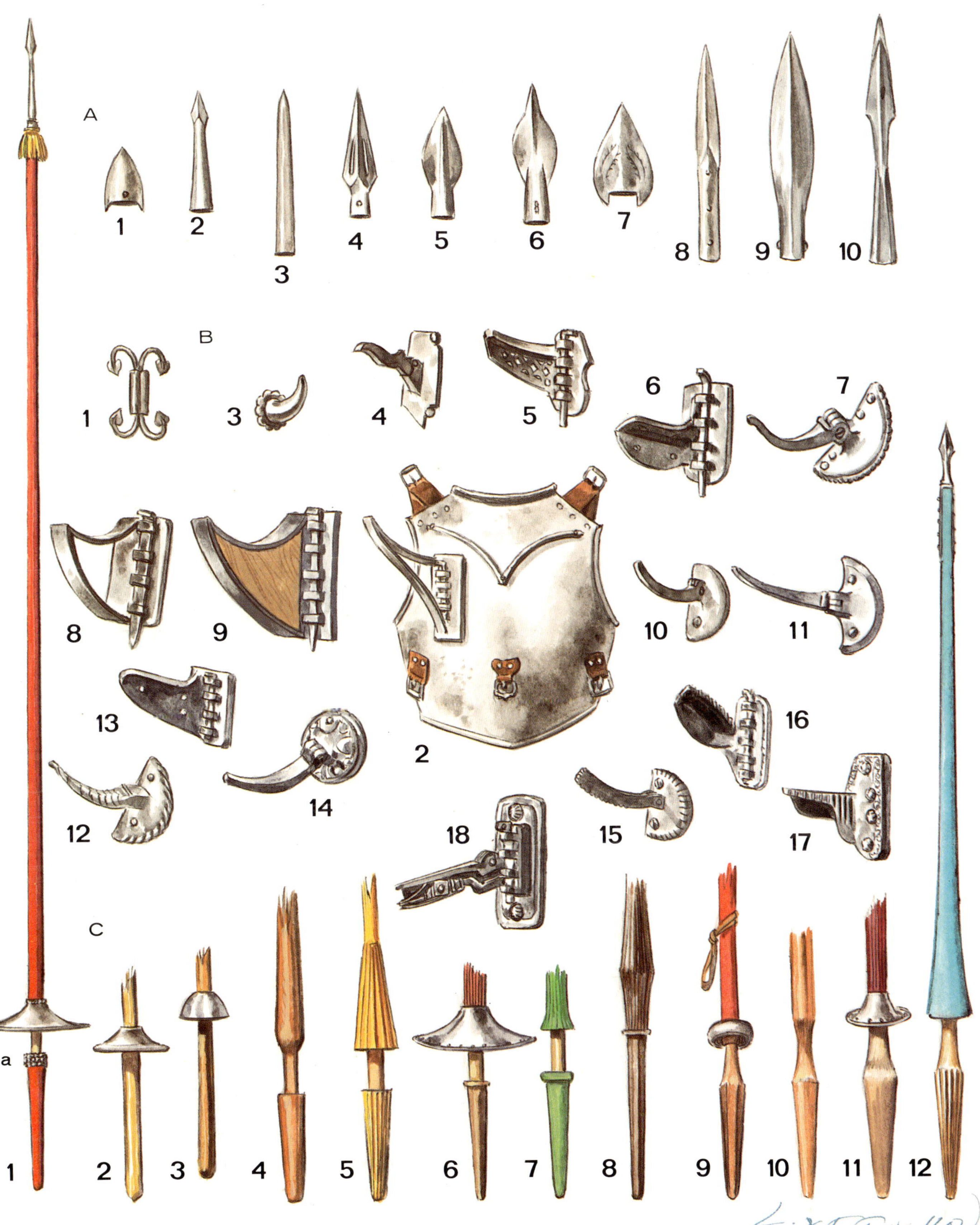

Jusqu'au XIVe siècle, la lance mesura trois à quatre mètres de long, mais le cuirassement progressif des combattants conduisit à l'adoption simultanée de lances de plus en plus lourdes, aux fers de plus en plus pénétrants. Les dimensions augmentèrent quelque peu, atteignant 3,50 à 4,50 mètres[1] à partir du XVe siècle. Il est évident que les « batailles » utilisèrent des armes dont l'épaisseur et la longueur variaient fort d'un pays à l'autre.

Les Anglais furent les premiers, pendant la guerre de Cent Ans, à raccourcir les lances et à faire combattre leurs chevaliers à pied. Les Français et les Autrichiens les imitèrent parfois, on l'a vu pour ces derniers à la bataille de Sempach[2].

La lance ainsi « retaillée », comme le dit Froissart, « à la mesure de cinq pieds » nous semble bien avoir donné lieu à une confusion : on a voulu y voir la longueur conservée, soit environ 1,62 mètre, un dérisoire épieu. Nous pensons plutôt que les cinq pieds représentent la partie retranchée, ce qui donnait pour une lance de quatre mètres un « outil » de 2,38 mètres, plus vraisemblable.

Le verbe « raccourcir », parfois utilisé pour désigner cette opération au moment du combat, signifiait simplement qu'on saisissait la lance par le milieu. Il ne s'agissait pas de se livrer *in extremis* à une laborieuse opération de menuiserie !

L'arrêt de cuirasse

Souvent appelé erronément faucre ou confondu avec l'arrêt de lance, l'arrêt de cuirasse était une branche de fer servant à soutenir la lance devenue trop lourde pour être maintenue en arrêt par le bras de l'homme d'armes. Cet arrêt servait également à amortir le recul consécutif au choc.

1. Parfois 6,50 mètres chez les derniers lanciers. Encore un exemple de l'arme qui s'allonge alors que le soldat diminue d'efficacité !
2. Voir le chapitre de l'infanterie suisse, page 10.

ÉPÉES ET DAGUES (I), IXe-XIIIe SIÈCLE

Épées : 1-3. IXe s. — 4 et 5. Xe s. — 6-9. XIe s. Longueur totale (fig. 9) : 90 cm. — 10. Seconde moitié du XIIe s. Longueur totale : 95 cm. — 11. XIe s. — 12. XIIe s. — 13 et 14. Fin du XIIe s. — 15. Première moitié du XIIIe s. — 16. Seconde moitié du XIIIe s. — 17. Milieu du XIIIe s. — 18-20. Fin du XIIIe s. — 21. Grande épée d'arçon, seconde moitié du XIIIe s. — 22. Seconde moitié du XIIIe s. — 23. Fin du XIIIe s.

24. Parties de l'épée : a. pommeau ; b. fusée ; c. garde ou croisée d'épée, dite aussi croisillon ou croisette ; d. soie ; e. lame (on disait aussi le mêle, limêle, lamièle puis alemelle et alumelle jusqu'au XVIe s.) ; f. goutte : la goutte assemblant toutes ces pièces était obtenue par la rivure de l'extrémité de la soie.

Dagues : 25. IXe s. — 26. Xe s. — 27. XIe et XIIe s. — 28. XIIIe s. — 29. Fin du XIIIe s., dite basilard (de Basel, Bâle). Cette arme civile et militaire donnera naissance aux dagues suisses et allemandes après avoir été très en faveur tout au long du XIVe s. — 30 et 31. XIIIe s.

L'ESCRIME AUX XVe ET XVIe SIÈCLES
(pages 64-65)

Voici, tirées de traités d'escrime de l'époque, quelques attitudes typiques de duellistes : 1. À l'épée. — 2. À la rapière. — 3. À l'épée à deux mains, garde croisée. — 4. À l'épée à deux mains, coup du bœuf. — 5. Au dusak. — 6. À l'épée et à la main gauche. — 7. Au braquemart.

Plusieurs de nos personnages sont possédés du *Hosenteufel* (diable des culottes) qui défia tous les prêcheurs à l'époque de la Réforme luthérienne. Ces extravagances vestimentaires furent particulièrement prisées en Allemagne.

8. Épée à une main et demie dite aussi estoc, première moitié du XVIe s. Le renfort à la base de la lame s'appelle le pontet. — 9. Rapière, milieu du XVIe s. — 10. Épée à deux mains, dite espadon et aussi flamberge, fin du XVe s. Terme utilisé ensuite pour désigner une épée très longue et très fine du milieu du XVIIe s. — 11 et 12. Dusaks. — 13. Braquemart, milieu du XVIe s. On disait aussi « malchus ».

14. Combat au marteau d'armes, début du XVe siècle (d'après une illustration du temps, œuvre de l'artiste anglais John Rows). Après avoir jouté et brisé une lance, les adversaires s'affrontaient parfois avec ce type d'arme ou avec la lance à pousser (fig. A). La rencontre se terminait par un duel à l'épée (fig. B et C). Le personnage de gauche est Richard Beauchamp, comte de Warwick, son adversaire est un Italien, Pandolfo Malatesta. Il est évident que de telles rencontres ne pouvaient être que courtoises et strictement codifiées. Le juge pouvait les arrêter par le jet de son bâton.

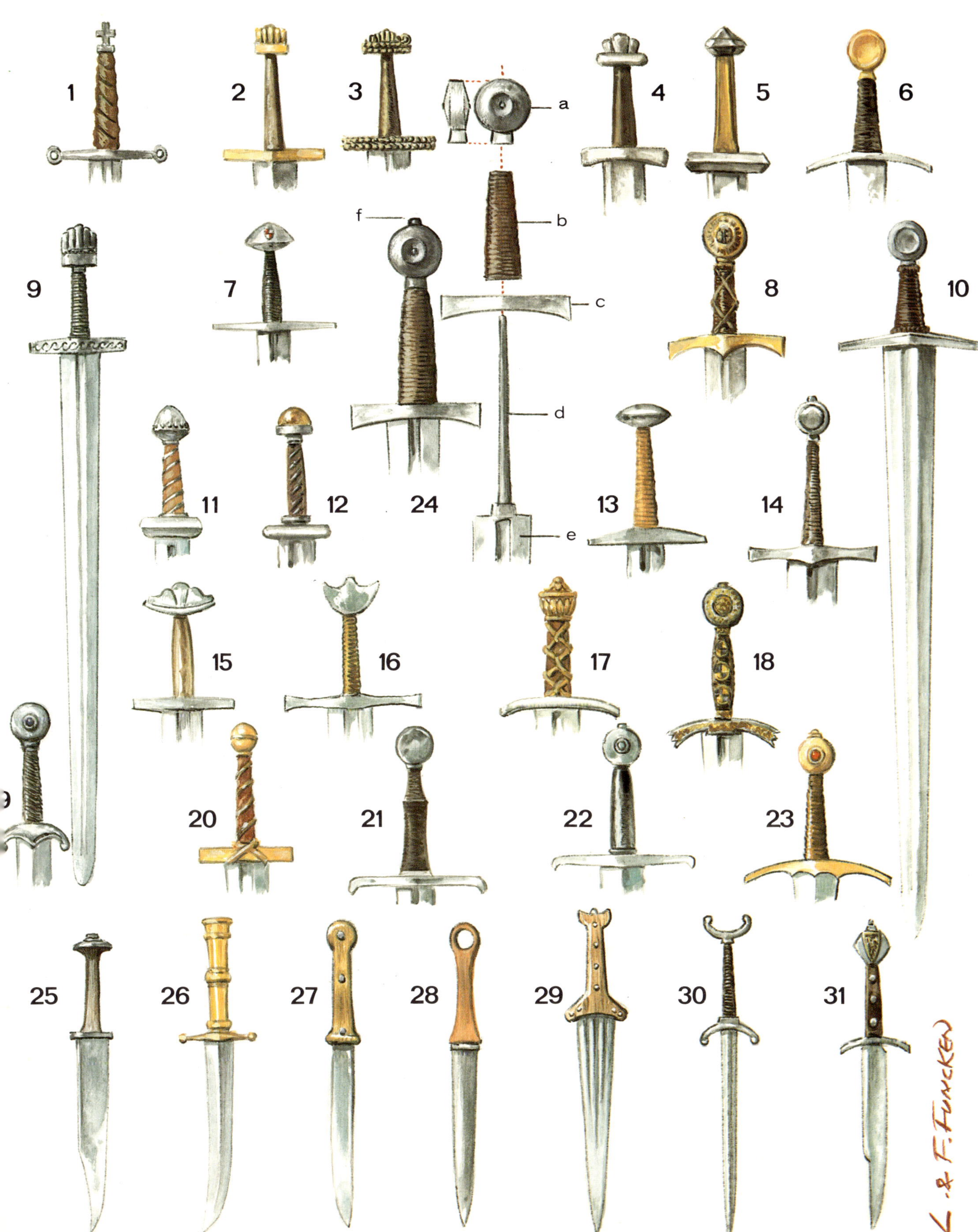
1
2
3
a
4
5
6
f
b
9
7
8
10
c
d
11
12
24
13
14
e
15
16
17
18
20
21
22
23
25
26
27
28
29
30
31
L. & F. FUNCKEN

8
2
1
B
4
9
A
6
11

10
3
5
C
7
14
12
13
L. & F. FUNCKEN

L'arrêt de lance

Ce fut tout d'abord un simple bourrelet de cuir posé sur la poignée de la lance et qui protégeait la main du choc créé par l'impact. Ce bourrelet fut ensuite disposé derrière la main lorsque apparut l'arrêt de cuirasse, sur lequel il venait s'écraser en faisant office d'amortisseur.

Le bourrelet se mua en un collier dit « grappe » ou « agrappe », constitué de plusieurs rangs de billettes. En Espagne et en Italie, on adopta une rondelle dentelée dont les pointes s'enfonçaient dans la garniture de bois, de liège ou de plomb des puissants arrêts de cuirasse.

Décadence de la lance

Le seul examen des arrêts de cuirasse laisse deviner l'évolution de la lance et son déclin. Aux imposants modèles succèdent des supports de plus en plus grêles et de plus en plus rares, destinés à de frêles lances maniées par des hommes d'armes qui avaient de moins en moins confiance en une arme devenue dérisoire face à la force grandissante de l'infanterie.

L'épée

L'épée du Moyen Âge et ses spectaculaires moulinets aux mains des héros du cinéma et de la télévision impressionnent toujours chacun d'entre nous. Quelle force herculéenne ne fallait-il pas pour manier ces énormes lames d'acier, sonores comme des rails de chemin de fer !

Que l'on se détrompe : l'épée était d'une légèreté inattendue. Nous avons retrouvé le poids d'un grand nombre d'épées de toutes époques et force nous a bien été de constater un poids moyen de 1,3 kilo pour les armes du Xe au XVe siècle et de 900 grammes pour le XVIe siècle.

Les épées bâtardes, plus massives et réservées aux combattants de second choix, ne dépassent pas 1,5 kilo, tandis que l'épée d'arçon dite « à une main et demie » pèse en moyenne 1,8 kilo. Ces chiffres étonnamment bas se confirment, toutes proportions gardées, pour l'énorme épée à deux mains maniée selon la tradition « par de véritables hercules »... Elle pèse rarement plus de trois kilos !

ÉPÉES ET DAGUES (II), XIVe ET XVe SIÈCLES

Épées : 1-3. 1300. — 4. Milieu du XIVe s. — 5. Seconde moitié du XIVe s. — 6. Grande épée d'armes dotée d'un chapeau empêchant la pluie d'entrer dans le fourreau, 1380. — 7. 1400. — 8. De parement, 1410. — 9. 1410. — 10 et 11. 1450. — 12. Épée d'arçon, 1450. Longueur : 1,25 m. — 13. Épée d'arçon du milieu du XIVe s., s'accrochant à la selle du cavalier. Longueur : 1,25 m. — 14. Épée d'estoc, fin du XIVe s. Longueur : 95 cm. — 15. Épée d'arçon, 1450. Longueur : 1,50 m. En a, fausse garde amovible. — 16. Grande épée d'arçon à deux mains, fin du XIVe s. Longueur : 1,50 m. — 17 et 18. 1450. — 19. D'archer ou d'arbalétrier, 1450. — 20. Seconde moitié du XVe s., Espagne. Apparition du pas d'âne (aa). — 21. Épée suisse, fin du XVe s. — 22. Milieu du XVe s. — 23. De parement, fin du XVe s. — 24. Fin du XVe s. — 25. Fin du XVe s. Apparition de l'anneau de côté (a).

Les épées 12, 13, 15 et 22 sont les ancêtres français de l'*hegyestör*, l'épée-pique des hussards hongrois (voir le tome II de *L'Uniforme et les Armes des soldats de la guerre en dentelle*).

Dagues : 26. Suisse de la fin du XIVe s. Dérivée du basilard de la fig. 29, page 63. — 27. Début du XIVe s. — 28. Suisse, milieu du XIVe s. — 29. À rouelles, milieu du XIVe s. — 30. À rouelles, début du XIVe s. — 31. Début du XIVe s. — 32. À rouelles, milieu du XVe s. — 33. Fin du XVe s. — 34. À rognons, XIVe s. — 35. À oreilles, XVe s.

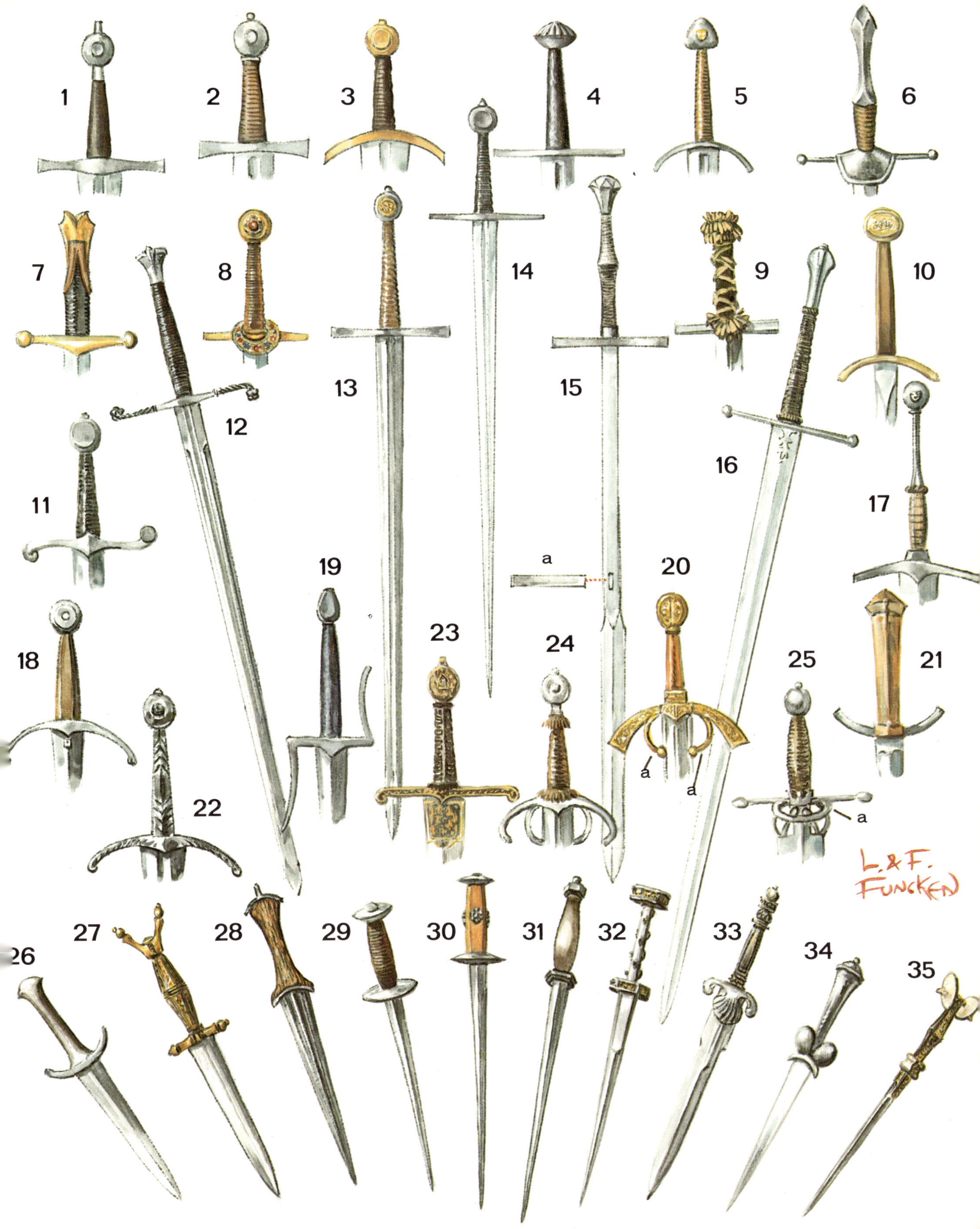
1
2
3
4
5
6
7
8
9
10
11
12
13
14
15
16
17
18
19
20
21
22
23
24
25
26
27
28
29
30
31
32
33
34
35
a
a
a
a
L.&F.
FUNCKEN

Évolution de l'épée

Large et relativement courte, l'épée du IXe siècle se caractérisait par une garde de faibles dimensions et par un pommeau large et plat, souvent trilobé. Ce pommeau évolua au Xe siècle vers la forme ronde ou évasée, en même temps que la garde se marquait davantage. Ainsi que le montrent nos abondantes illustrations, la silhouette de l'épée ne fit que s'affiner à partir du XVe siècle. Nous invitons le lecteur à se référer aux planches, beaucoup plus explicites que ne le serait un long discours.

La lame

Élément essentiel de l'épée, la lame est faite d'un acier extrêmement dur qui défie la morsure de nos limes modernes. Très tôt, les villes de Passau, Nuremberg et Augsbourg, puis plus tard Solingen avec sa marque du loup courant, devinrent des centres réputés. Milan et Tolède[1] surtout se haussèrent à un très haut niveau, à tel point que certains armuriers de Solingen n'hésitèrent pas à utiliser de fausses estampilles du chef-lieu de la Nouvelle-Castille ! Il est indiscutable que les maîtres espagnols comme ceux de la dynastie des Sahagun inspirèrent les Italiens et les Allemands, dont les productions originales nous permettent de saluer les noms des Piccinino, des Horn et des Tesche.

Paris, Bruxelles et bien d'autres cités fabriquèrent d'excellentes lames, mais elles eurent toujours à compter avec l'écrasante concurrence des trois grands, comme dans le domaine des armures. Nous allions oublier nos amis britanniques dont l'acier de Sheffield fut produit dès le XIVe siècle.

Inséparable compagne du chevalier, arme noble entre toutes, l'épée moyenâgeuse fut sanctifiée par l'Église au service de laquelle était placé son possesseur. La lame de l'épée porta, dès le IXe siècle, des formules souvent indéchiffrables, comme celles des Vikings, puis, à partir du Xe siècle, des phrases en latin telles que *In nomine Domini* — au nom de Dieu — ou *Homo Dei* — homme de Dieu. Jugées sans doute insuffisantes, ces inscriptions furent remplacées par des phrases plus longues, abrégées en une suite d'initiales incompréhensibles pour le non-initié comme le sont la plupart des sigles qui envahissent notre vie quotidienne. Les changements apportés à la surface de la lame à la fin du XIIe siècle, afin d'en faire une arme susceptible de frapper également de la pointe et de pénétrer les armures de plus en plus perfectionnées, réduisirent les surfaces disponibles. Ils interdisaient même toute inscription dans le cas des lames à arête centrale de renfort, encore qu'on aplanît parfois une portion de cette arête vers la garde, de façon à pouvoir y placer la devise ou l'invocation souhaitée.

1. L'apogée de Tolède se situa surtout aux XVIe et XVIIe siècles.

ÉPÉES, XVIe SIÈCLE

1-3. Début du XVIe s. — 4 et 5. Milieu du XVIe s. — 6. Franc-taupin, milieu du XVIe s. C'est peut-être le verdun des vieux auteurs, mais sûrement le précurseur de la colichemarde du XVIIe s. — 7-9. Début du XVIe s. — 10 et 11. Première moitié du XVIe s. — 12. Tenue de l'épée au milieu du XVIe s. — 13. Milieu du XVIe s. — 14. Estoc d'armes allemand, milieu du XVIe s. — 15. Lansquenette dite *Katzbalger* (étripeur de chats), premier quart du XVIe s. — 16. Estoc d'armes allemand, milieu du XVIe s. — 17. Milieu du XVIe s. — 18. Bâtarde à une main et demie, milieu du XVIe s. — 19. Espagnole, milieu du XVIe s. — 20. À une main et demie, vers 1540. — 21 et 22. À deux mains « modérées », vers 1560. — 23. 1550. — 24. 1560. — 25. 1570. — 26. 1580. — 27. Bâtarde, seconde moitié du XVIe s. — 28. Espagnole, vers 1580. — 29. Rapière, vers 1570. — 30. De parement, espagnole, vers 1540.

Les fig. 13, 17 et 20, avec leur garde en corbeille, sont les premières ébauches de la schiavone classique de la planche suivante (fig. 11).

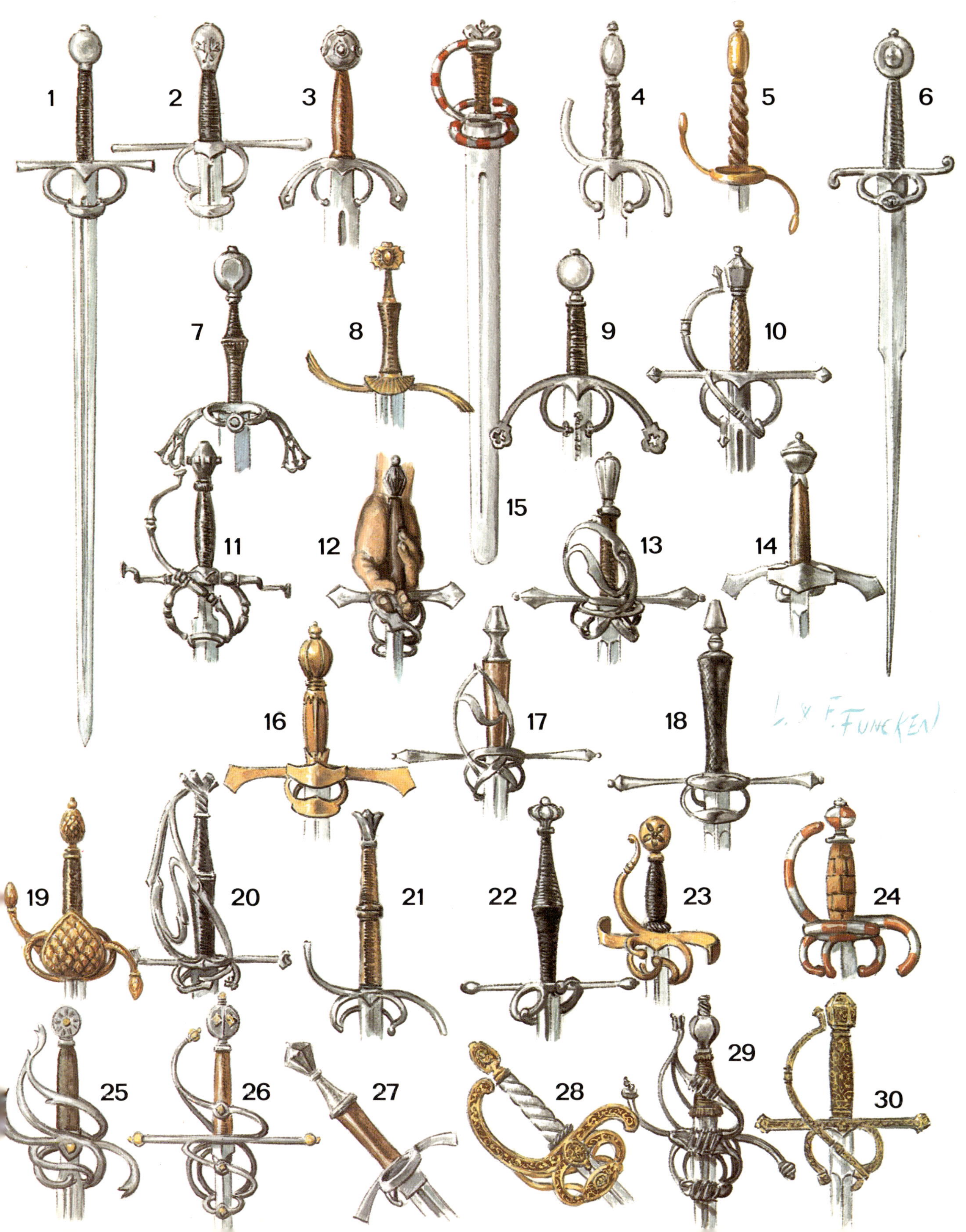
1
2
3
4
5
6
7
8
9
10
11
12
13
14
15
16
17
18
19
20
21
22
23
24
25
26
27
28
29
30
L. & F. FUNCKEN

Les gorges plus ou moins larges pratiquées sur de nombreuses lames n'étaient destinées qu'à les alléger et pas du tout à « aider à l'écoulement du sang » ainsi que le veut une légende aussi stupide que tenace.

D'innombrables épées de parade du XVIe siècle sont parvenues jusqu'à nous, préservées de la destruction par leur seule beauté. Véritables pièces d'orfèvrerie, ces armes furent décorées par les plus prestigieux artistes : Dürer, Holbein, Cellini... Les épées plus anciennes, dont nous venons d'évoquer les inscriptions, se contentaient de rares ornements, blasons ou symboles religieux gravés. Quant aux textes, les caractères en creux obtenus par la gravure au burin étaient incrustés d'un mince fil de fer, de cuivre ou de laiton, martelé à chaud. Plus tard, les décors plus élaborés pouvaient être incrustés d'or, les gardes et les pommeaux d'argent et d'or massif ornés de perles et de pierres précieuses. Ne nous laissons toutefois pas prendre au piège de l'aspect fastueux de toutes les armes exposées dans les musées : les artisans des temps anciens connaissaient admirablement l'art de scier les pierres précieuses et semi-précieuses en fines lamelles et de faire des rubis et des émeraudes dont la surface seule était authentique ! Ainsi, bien des vaniteux pouvaient faire étalage d'une apparente magnificence. Gageons que les amateurs ne manquaient pas...

L'épée de guerre devenant de plus en plus étroite et s'accommodant mal d'un tel luxe, on reporta ses discrets emblèmes, voire seulement la marque de l'armurier, sur le *ricasso* disposé à la base de la lame ou sur l'écusson, visibles l'un et l'autre sur les illustrations.

Les poètes du Moyen Âge nous ont laissé le nom d'épées célèbres. Nous connaissons la Durendal de Roland, la Joyeuse de Charlemagne, la Caliburn du roi Arthur. Moins familières sans doute sont Hauteclaire d'Olivier, Balisarde de Renaud ou Balmung de Siegfried. Les Arabes, grands amateurs d'épopées, n'avaient rien à nous envier, et Mahomet à lui seul avait neuf sabres : Mabur, Daulfakar, Al Hatif, Al Rosub, etc. Son quatrième successeur et fils adoptif Ali, « le lion de Dieu », devait faire de son Zolphagar l'emblème par excellence des conquérants de l'Islam.

Terminologie

La confusion qui règne souvent dans les dictionnaires, voire dans les ouvrages spécialisés, nous a incités à tenter une classification et une définition plus précise des épées et des armes blanches représentées dans ces deux volumes. Ce petit lexique a été élaboré à la lumière de nombreux ouvrages consultés au cours de nos recherches.

ÉPÉES ET DAGUES (III), XVIe SIÈCLE ET DÉBUT DU XVIIe

Épées : 1. Vers 1570. — 2 et 3. 1575. — 4. Épée courte allemande, vers 1585. — 5-10. Fin du XVIe s. — 11. Schiavone vénitienne, fin du XVIe s. — 12. Début du XVIIe s. — 13. Épée à lame de dague à ressort, fin du XVIe s. — 14. Rapière, milieu du XVIe s. — 15. Rapière, vers 1600. — 16. Fin du XVIe s. — 17. Flamberge, fin du XVIe s. — 18 et 19. Fin du XVIe s. — 20 et 21. Début du XVIIe s. — 22. Paire de rapières pour le duel à deux épées, fin du XVIe s. Les deux armes se rangeaient dans le même fourreau et présentaient alors l'apparence d'une arme unique.

23. Parties de l'épée de la seconde moitié du XVIe s. Notre modèle est l'œuvre du célèbre Piccinino de Milan. On la nommait communément *striscia* (lardoire). a. goutte ; b. pommeau ; c. fusée ; d. arc de jointure ; e. branche ; f. quillon de garde ; g. quillon de parade ; h. écusson ; i. pas-d'âne ; j. contre-gardes ; k. ricasso ; l. petit anneau de côté ; m. grand anneau de côté ; n. gouttière. Les Italiens nommaient l'entrelacs des branches *gabbia* (cage). Les modèles moins élaborés, comme celui de la fig. 21, étaient dits *mezza gabbia* (demi-cage).

Dagues : 24. Anelace, vers 1500. Dite aussi cinquedea (large comme cinq doigts), dagasse, sang-de-dez ou san-de-dei, et souvent — à tort — langue-de-bœuf. — 25. 1500, dite *pistolese* en Italie. — 26. Milieu du XVIe s. — 27. Suisse, milieu du XVIe s. — 28. À lames brise-épées à ressorts, dite *sinistra* (gauche), milieu du XVIe s. La pointe perce-mailles se nommait la « harpe ». — 29. Miséricorde, XVIe s. — 30. Milieu du XVIe s. — 31 et 32. Fin du XVIe s. — 33. Brise-épée, fin du XVIe s. — 34. Dague, vers 1610. Son pommeau contient une montre.

Les dagues à garde enveloppante, en coquille, sont souvent dites « mains gauches », mais toutes les dagues servant à l'escrime sont en fait des « mains gauches ». Les modèles à ressort (fig. 28), en dépit de leur apparence inquiétante, étaient moins efficaces que les dagues traditionnelles et ne furent jamais d'un usage courant.

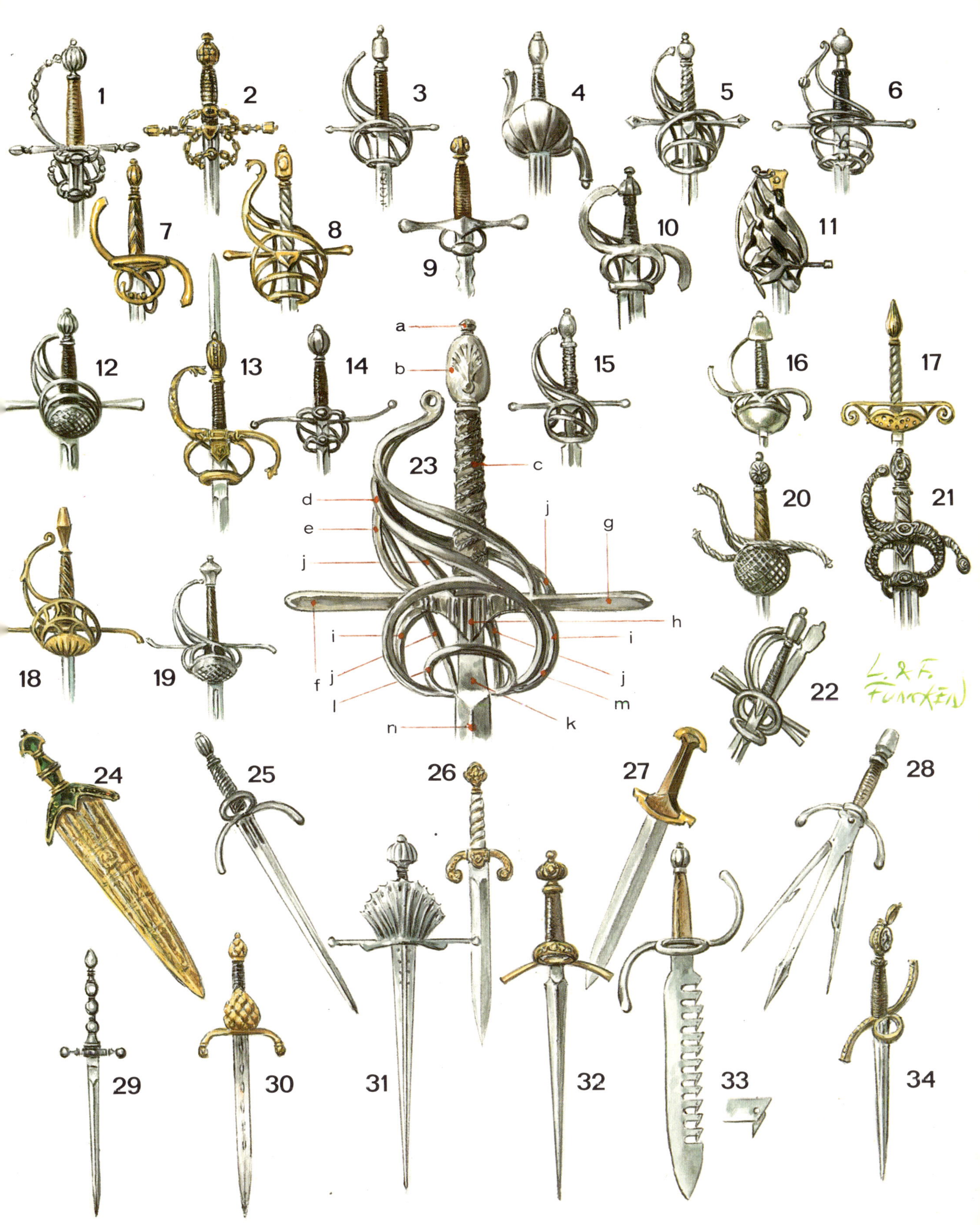
1
2
3
4
5
6
7
8
9
10
11
12
13
14
15
16
17
18
19
20
21
22
23
a
b
c
d
e
f
g
h
i
j
k
l
m
n
24
25
26
27
28
29
30
31
32
33
34
L. & F. FUNCKEN

Alenas : dague à garde en rondelle, à lame triangulaire, longue et aiguë.
Anelace : dague très large, longue de 50 cm au plus.
Badelaire, dit aussi *baudelaire, bazelaire* et *basilaire* : sorte de cimeterre légèrement courbe.
Bâtarde : voir « épée bâtarde ».
Branc, dit aussi *brand* : grande épée d'arçon, ancêtre de l'estoc.
Braquemart : sorte de cimeterre à lame droite.
Braquet : courte épée wallonne légèrement courbe, ancêtre du briquet du premier Empire.
Brette : synonyme de rapière.
Brise-cuirasse : forte dague à pointe quadrangulaire.
Cimeterre : sabre courbe oriental, du persan *chimchir* ou *chimichir*.
Cinquedea : coutelas du type de la dagasse, dit aussi *sang-de-dez,* large de cinq doigts au talon.
Claybeg : épée écossaise à garde en corbeille, inspirée de la schiavone italienne; elle est aujourd'hui appelée *claymore*.
Claymore : épée écossaise à deux mains; on la confond souvent avec l'épée ordinaire dite *claybeg* à la même époque.
Colichemarde (corruption de Königsmark, son inventeur) : épée du XVIIe siècle, large au talon et se rétrécissant brusquement vers la pointe.
Coustil à croix : épée courte à lame très large au talon.
Couteau à plates, de passe, taillant : forte dague à talon large.
Coutelas : synonyme de badelaire.
Coutille : épée bâtarde proche de la dague à talon large.
Dagasse : grosse dague apparentée à la cinquedea.
Düsack : arme d'origine bohémienne très utilisée par les paysans allemands au XVIe siècle; on trouve aussi *Tesak* et *Messer* (couteau).
Épée à deux mains : grande épée d'origine suisse ou allemande utilisée par les Confédérés et les lansquenets.
Épée bâtarde : désigna le plus souvent une épée forte dotée d'une longue poignée permettant la prise à deux mains, épée dite « à une main et demie »; elle n'a aucun rapport avec l'énorme épée à deux mains.
Épée d'armes : épée classique de guerre, portée au côté.
Épée de passot : épée très aiguë des gens de pied.
Épée de plates : épée aiguë destinée à forcer les premières armures.
Esclavone : synonyme de schiavone (voir ce mot).
Espadon : épée à deux mains à lame ondée; désigne ensuite toute épée longue et large. Le terme demi-espadon désigna une épée à lame plate et droite.
Estoc : grosse épée ou épée d'arçon ayant suivi le vieux branc et souvent utilisée à deux mains pour pointer; c'est l'arme favorite des combats singuliers judiciaires.
Estocade : désigne parfois la forte épée des lanciers de la fin du XVIe siècle.

LE HARNACHEMENT (I)

1. VIIIe s. — 2. IXe s. — 3. XIe s. — 4. XIIe s. — 5. 1250. — 6. 1260. — 7. Milieu du XIIIe s. La housse de maille, extrêmement coûteuse, était rare et souvent remplacée par du tissu renforcé au cou et au poitrail. — 8. Fin du XIVe s. — 9. 1400.

10. Selle hongroise, XIIIe s. — 11. Selle en ivoire, fin du XVe s. — 12. Selle d'armes, début du XVe s. — 13. Selle en ivoire, fin du XVe s.

1
2
3
10
11
4
5
6
12
13
7
8
9

Estramaçon : nom donné aux épées du type de la schiavone italienne ou du claybeg écossais.
Fauchon ou falchion : synonyme de badelaire.
Flambe, flambard ou flammard : épée moyenne à lame ondoyante.
Flamberge : nom populaire donné aux longues épées et surtout aux épées à deux mains à lame ondée; désigna en Angleterre la rapière, puis ne fut plus que péjorativement utilisé en France.
Franc-taupin : épée à lame se rétrécissant brusquement à mi-longueur; elle ressemblait à la colichemarde.
Glaive : épée courte à lame large, au XVIe siècle.
Hegyestör : adaptation hongroise du branc et de l'estoc; longue épée destinée à percer les cuirasses et remplaçant la lance.
Lansquenette : épée courte des lansquenets.
Malchus : sorte de badelaire, dont le nom rappelle le personnage auquel saint Pierre trancha l'oreille.
Miséricorde : dague aiguë servant à forcer les jointures des cuirasses.
Pédarme : forte épée des cuirassiers à la fin du XVIe siècle.
Perce-mailles : dague à pointe en carrelet.
Prie-à-dieu : synonyme de miséricorde.
Rapière : épée à lame large et aiguë. Le mot disparaît du vocabulaire français au XVe siècle pour reparaître en Allemagne et en Angleterre sous la forme *rapier*; il n'aura plus qu'un sens péjoratif en France dès le XVIe siècle, comme flamberge.
Schiavone : forte épée vénitienne à garde en corbeille, qui inspira beaucoup d'imitateurs en Europe.
Tuck ou tucke : synonyme de rapière en Angleterre au XVIe siècle.
Verdun : épée extrêmement longue et étroite fabriquée à Verdun; uniquement employée pour le duel à la fin du XVIe siècle.

Duels judiciaires et duels d'honneur

Depuis Charlemagne en 805 et les deux canons du concile de Valence de 855, le duel judiciaire avait été vigoureusement combattu, mais avec Lothaire, en 954, cette odieuse parodie de justice se développa. L'institution barbare se perpétua jusque sous Louis IX, en 1226. Le saint roi parvint à la réserver aux cas douteux, mais le faible Louis X le Hutin la laissa resurgir en 1315. La fréquence de ces combats à mort devint telle que des propriétaires avisés aménagèrent des terrains se louant prêts à l'emploi, avec barrières et tribunes.

Les nobles se battaient avec les armes nobles, les vilains avec le bâton, souvent revêtus de vêtements spéciaux, soigneusement huilés afin d'offrir le minimum de prise à l'adversaire et, en somme, de prolonger au maximum le hideux spectacle. La mort de Jacques Legris, reconnu parfaitement innocent par l'aveu postérieur du coupable, provoqua un choc salutaire et le duel judiciaire fut supprimé en 1385, sous le règne de Charles VI.

Sous la pression de la noblesse, Louis XII et François Ier acquiescèrent à l'instauration du duel d'honneur, avec la possibilité d'arrêter la rencontre à leur gré, par le jet d'une sorte de sceptre dans la lice[1].

1. Bayard fournit un exemple parfait du duel d'honneur en tuant le capitaine espagnol Soto-Mayor, provoqué en duel pour manquement à la parole donnée, propos diffamatoires et mensongers (1502).

LE HARNACHEMENT (II)

1. 1390. — 2. 1430. — 3. 1450. — 4. 1470. — 5. 1500. — 6. 1547. — 7. 1550. — 8. 1558. — 9. 1580.

10. Selle en ivoire, fin du XVe s. — 11. Selle d'armes, début du XVIe s. — 12 et 13. Selles de la fin du XVIe s., vues de trois quarts dos et de trois quarts face.

1
2
3
10
11
4
5
6
12
13
7
8
9

Charles VIII avait lui-même, et avant eux, présidé quelques duels d'honneur « officieux ». François Ier ne dédaigna pas ces spectacles et son successeur assista à la mort de La Châtaigneraie après le « coup de Jarnac » de Guy Chabot[1]. Henri II, désespéré, bannit le duel mais on se passa désormais de son autorisation. Ni l'ordonnance de Charles IX en 1566, ni les édits de Henri IV et de Louis XIV mettant le duel au rang des crimes les plus graves n'empêchèrent le développement d'une véritable épidémie.

Le duel eut ses célébrités, mais aussi ses originaux comme le seigneur de Gensac qui se battit seul contre deux adversaires... pour passer dans les chroniques! Ses tueurs froids comme le baron de Vitaux, qualifié de « brave baron » par Brantôme, et qui, flanqué de ses « deux lions », les frères Boucicault, semait les cadavres sur ses pas. Le « beau Bussy », Louis de Clermont d'Amboise, immortalisé par Alexandre Dumas dans *La Dame de Monsoreau* et superbement incarné à la télévision française, n'était qu'un bretteur invétéré ayant, entre autres méfaits, profité du massacre de la Saint-Barthélemy pour égorger un de ses parents avec lequel il était en procès. Il mourut sous les coups des bravi du mari de la douce héroïne citée plus haut.

Il y eut aussi les duels en groupes, que pratiquaient les mignons de Henri III et ceux, inattendus... du rude Henri de Guise! Curieux paradoxe et sujet de réflexion pour les historiens, ces petits jeunes gens se battaient avec une vigueur, une ferveur de fauve... Inhumées sous des tombeaux de marbre à leur effigie, les victimes donnèrent naissance à une nouvelle expression et on prit l'habitude de déclarer : « Je viens de le tailler en marbre » lorsqu'on avait expédié un adversaire. Le duel des mignons de 1578 fut logiquement suivi du duel des mignons de ces mignons... trois paires d'escrimeurs. L'un des duellistes ayant été tué, ses deux compagnons eurent à lutter contre trois adversaires et furent embrochés. Vraiment, l'honneur n'avait plus grand-chose à voir dans ces rencontres.

L'escrime du temps était d'ailleurs extrêmement simpliste : tous les coups étaient permis, toutes les ruses. Brantôme, d'Aubigné, L'Estoile et Tallemant des Réaux nous démontrent que la plupart des duels dégénérèrent en assassinat. Cette fringale de duels occasionna, estime-t-on, la mort de huit mille gentilshommes français entre 1598 et 1608! Montaigne, né en 1533, écrit dans ses *Essais* : « Dans mon enfance, la noblesse fuyait la réputation de bon escrimeur et se dérobait pour l'apprendre, comme mestier de subtilité dérogeant à la vraye et naïve vertu... Nous allons en Italie apprendre à escrimer et l'exerçons aux dépens de nos vies avant de le savoir... Mettez trois François aux déserts de Libye, ils ne seront pas un mois ensemble sans se harceler et s'égratigner. »

1. Guy Chabot, seigneur de Jarnac, avait été insulté par le futur Henri II à l'occasion d'un différend entre la duchesse d'Étampes et Diane de Poitiers. Le prince ne pouvant se battre, un « champion » s'était présenté pour lui : La Châtaigneraie, excellent escrimeur. Devenu roi, Henri II autorisa le duel que son père avait interdit, mais Jarnac avait suivi les leçons d'un spadassin italien et appris une botte compensant son infériorité. Il coupa le jarret de son adversaire qui, mortifié, refusa tout soin et mourut... d'hémorragie! Quinze ans plus tard, en 1572, Jarnac mourait dans un duel.

L'ÉPERON

1 et 2. VIIIe s. — 3. Xe s. — 4 et 5. Début du XIe s. — 6. Début du XIIe s. — 7. Début du XIIIe s. Apparition de la molette. — 8. Début du XIVe s. — 9. 1350. — 10. 1370. — 11. 1400. — 12. 1430. — 13. 1400. — 14. Début du XVe s. — 15. Seconde moitié du XIVe s. — 16. Fin du XIVe s. — 17. Début du XVe s. — 18. Milieu du XVe s. — 19-22. Fin du XVe s. — 23. Début du XVe s. — 24. Seconde moitié du XVe s. — 25. Début du XVIe s. — 26. Fin du XVIe s. — 27. À tige et collier creux, servant de gourde ou de cachette à messages, fin du XVIe s. — 28. Fin du XVIe s. — 29. En ergot cousu, XIIe s. — 30. Fin du XIVe s. — 31. Parties de l'éperon : a. molette; b. broche; c. crête; d. tige; e. talonnettes; f. colliers; g. plaque de bride. — 32. 1450. — 33. Fixé à la talonnière, seconde moitié du XVe s.

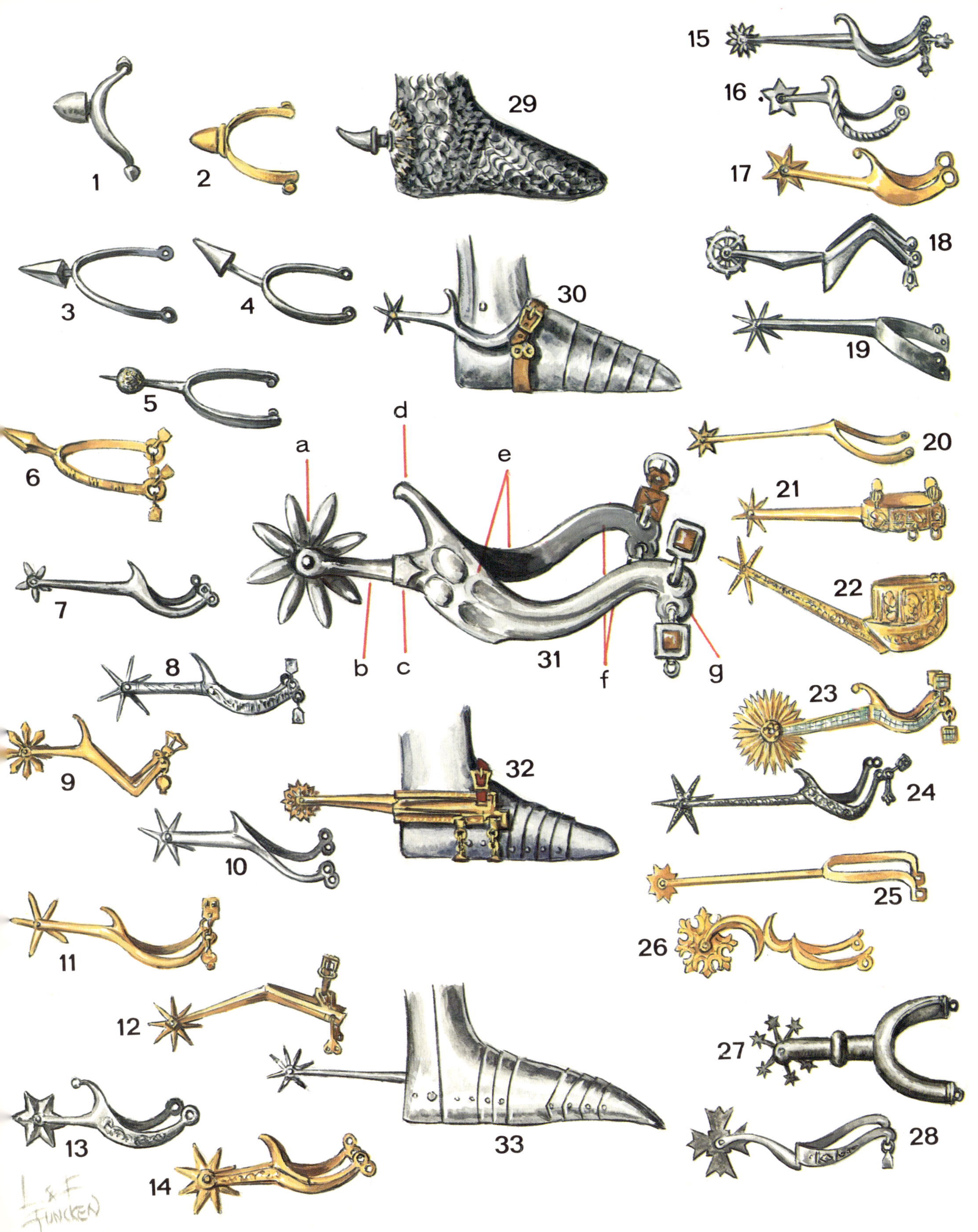

1
2
29
15
16
17
18
3
4
30
19
5
a
d
e
20
21
6
22
7
8
b
c
31
f
g
23
9
32
24
10
25
11
26
12
27
13
33
28
14
L & F FUNCKEN

Henri IV édicta une ordonnance contre le duel en 1599. Il ne s'en battit pas moins par procuration, pour des motifs futiles, et délivra sept mille lettres de grâce à des contrevenants. Le duel d'honneur proprement dit ne fut définitivement aboli qu'en 1626 par le cardinal de Richelieu, mais le duel clandestin se poursuivit avec une vigueur redoublée. Onze édits successifs de Louis XIV n'eurent aucun effet. Une des victimes de cette époque, la plus touchante peut-être, fut Armand de Sillègue, seigneur d'Athos, personnage fameux des *Trois Mousquetaires,* estoqué sur le Pré-aux-Clercs[1] le 21 décembre 1643. Il aurait été bien en peine de vivre les aventures de *Vingt ans après,* hélas !

Le duel judiciaire exista partout en Europe, mais hors de France le simple duel ne connut une certaine vogue qu'en Grande-Bretagne, plus particulièrement en Écosse, et en Irlande. L'Espagne et l'Italie, à Naples surtout, puis l'Autriche et l'Allemagne eurent du mal à réprimer les excès de leurs duellistes, pourtant moins nombreux. Le Portugal ne connut que peu de duels.

Les traités d'escrime

La première méthode d'escrime à tenir compagnie au traité d'héraldique inséparable de tout gentilhomme fut écrite en Italie, en 1410, sous le nom de *Flos duellatorum* — en langue vulgaire : *Il Fior di battaglia* — par le « maestro » Fiore dei Liberi. Mais depuis longtemps des maîtres d'armes ambulants mi-bateleurs mi-hommes de main, de fort mauvaise réputation, enseignaient leur art mortel dans des « écoles » clandestines.

En Allemagne, les maîtres d'armes furent les premiers à ouvrir de très officielles *Fechtschulen* — écoles d'escrime — au cours du XIVe siècle, lesquelles bénéficiaient dès 1480 de privilèges et de lettres patentes de l'autorité impériale. Les écoles des Marxbrüder et des Federfechter[2] furent les premières à adopter les méthodes introduisant l'usage du coup d'estoc, que préconisaient les Italiens Manciolino et Marozzo et l'Espagnol Roman, au début du XVIe siècle. Après eux, d'autres Italiens, tels Grassi et le célèbre architecte-mathématicien Agrippa, écrivirent de savants traités, puis le Français Saint-Didier[3], les Allemands Lebkommer (avec des illustrations inspirées d'Albert Dürer) et Günterrod, plus tardivement l'Anglais Silver.

Ces vénérables méthodes font sourire nos escrimeurs. Achetées avidement par les amateurs de sensations fortes, elles devaient être à peu près aussi efficaces que les ouvrages qui, de nos jours, prétendent enseigner l'art de devenir milliardaire en cinq leçons !

Les quarante mille Français tués en duel en l'espace de cent quatre-vingts ans donnent une idée de la catastrophique influence de cette littérature martiale, souvent encombrée de réflexions pseudo-psychologiques ou même théologiques ! Le livre de Manciolino, édité en 1543, contenait beaucoup plus de dissertations sur l'honneur et les différentes façons de provoquer en duel « en gentleman » que de véritables notions d'escrime.

1. Le Pré-aux-Clercs, à Paris, fut le théâtre d'innombrables duels mais aussi la cause et le lieu du supplice de Baptiste Crocoezon, premier « écologiste » de France pour sa lutte contre les « promoteurs » du début du XVIe siècle !
2. *Feder* : terme populaire désignant la rapière.
3. Considéré comme le premier ouvrage authentiquement français, ce *Traicté contenant les secrets du premier livre sur l'espée seule, mère de toutes les armes* compile les illustrations et les méthodes des Italiens Pagano, Grassi et Agocchie. Il perfectionne quelque peu Agrippa.

JOUTES (I)

1. Joute lourde, à l'allemande, avec la lance à fer aigu. L'armure renforcée est d'un type extra-lourd. Le but recherché était de briser la lance ; on utilisait souvent des fers de lance épointés. On remarquera que les jouteurs de cette planche ne doivent fournir aucun effort du bras pour maintenir leur lance, grâce aux impressionnants arrêts de cuirasse dont ils sont pourvus. — 2. Joute à l'allemande, du type *stechen* (piquer). On notera la selle spéciale sans troussequin permettant au cavalier de vider les étriers sans se briser les reins. Le manteau d'armes enveloppant était recouvert de cuir afin de mieux accrocher le fer de la lance. Il est néanmoins certain que la lance émoussée était également utilisée, quoique moins spectaculaire. Nos autres planches montrent des armures lourdes destinées à ce type de joute. Il faut remarquer que si elles garantissaient de toute blessure par la lance, leur poids les rendait dangereuses en cas de chute (voir la planche « Joutes (III) »).

1
2
L.&F. FUNCKEN

Le cheval

La page consacrée au cheval de guerre dans notre premier tome exprimait nos constatations personnelles sur la taille du « grand cheval ». Nos recherches postérieures nous ont encore renforcés dans notre conviction. Les bardes conservées dans nos plus grands musées et montées sur des modèles de chevaux adaptés à leurs dimensions démontrent la taille tout à fait normale des animaux utilisés. Chez certains artistes anciens, une évidente emphase a donné l'effigie de destriers énormes, mais les peintres ou les graveurs les plus prestigieux nous ont laissé une image beaucoup plus exacte. Dürer, Amman, Bruegel, Titien et bien d'autres nous montrent des chevaux de guerre ayant au plus 1,50 mètre au garrot et néanmoins de fort belle allure. Il ne faut pas non plus négliger la qualité de leurs illustres modèles : François Ier, Henri II, Maximilien ou Charles Quint auraient-ils toléré de se voir représentés sur des montures d'une taille indigne de leur rang ?

Le fameux lipizzan de la non moins célèbre École espagnole de Vienne, élevé au XVIe siècle dans le haras de Lipizza près de Trieste, atteint aujourd'hui de 1,50 mètre à 1,60 mètre au garrot, au prix de soins attentifs. Les premiers lipizzans étaient des chevaux andalous déjà très recherchés au Moyen Âge, issus du croisement lointain d'un cheval de type « germanique pur » amené par les Vandales et du barbe ou cheval de Barbarie venu d'Afrique du Nord avec les Arabes.

L'andalou devait servir par la suite à améliorer les races autochtones de l'Europe entière. Guillaume le Conquérant débarqua en Angleterre avec deux demi-sang de robe noire déjà bien loin du cheval de trait que l'on imagine.

En dehors de l'Allemagne et de l'Angleterre, bien fournies en chevaux de bonne taille, la gendarmerie devait souvent se contenter de « courtauds » tandis que la cavalerie légère montait des « cavallins », petits chevaux légers. Les guerres de plus en plus meurtrières rendirent la remonte précaire et l'on dut se contenter la plupart du temps de chevaux de taille médiocre[1].

Au début du XVIe siècle, la grosse cavalerie française prit l'étrange habitude de couper les crinières et les oreilles de ses chevaux pour les rendre effrayants.

1. Notion encore difficilement acceptée aujourd'hui pour la cavalerie française, en particulier pour les cuirassiers du premier Empire que l'on veut voir sur des chevaux gigantesques.

Les bardes

Depuis le début du XVe siècle, le cheval avait parfois été littéralement bardé de fer. L'art des batteurs et fourbisseurs s'appliqua aux meilleurs de ces harnois équestres. Les plus belles armures s'accompagnaient tout naturellement de bardes assorties, aussi richement ornées. Certains armuriers présentèrent même des armures à jambes articulées, mais il est fort improbable que ces élucubrations aient jamais existé autrement qu'à l'état de projet.

JOUTES (II)

1. Combat à la lance, à l'italienne ou à l'étrangère, vers 1520. Le personnage de gauche est le duc de Bavière, celui de droite le margrave de Brandebourg. On brisait en général trois lances successivement. Le roi de France Henri II mourut pour avoir voulu en briser une de plus. Ce ne sera pas le fer qui le tuera mais une écharde de la hampe brisée. Pour jouter avec la lance de guerre, on adoptait le manteau d'armes à bavière. En Allemagne, le *Freiturnier* (tournoi libre) se pratiquait de la façon que montrent nos illustrations, mais par paires opposées. — 2. Combat à l'épée. On notera les armures de guerre ordinaires (cf. fig. 1) et les épées « rabattues » sans pointe ni tranchant, dont chacun possède une rechange en cas de bris ou de perte. Le personnage de gauche est le duc de Mecklembourg, celui de droite le margrave de Brandebourg.

1
2
L. & F. FUNCKEN

Au milieu du XVIe siècle on commença à écarter tout cet attirail, devenu inutile face à la balle, pour ne conserver qu'un demi-chanfrein protégeant la moitié supérieure de la tête du cheval. Cette ultime pièce défensive disparut elle-même vers 1580. On lui substitua une muserolle en fer forgé ajouré semblable à une muselière, pratique étendue à toute la cavalerie allemande à la fin du XVIe siècle.

Entre-temps, au début du siècle, on avait vu apparaître en Italie des bardes de cuir. Mais les bardes allaient être bientôt remplacées par des courroies de cuir garnies de « fichures ». Ces courroies s'entrecroisaient sur la croupe en « croupières » et en « culières », légères, décoratives et efficaces contre les coups de taille.

Les bardes complètes furent confectionnées pour de grands personnages jusqu'au début du XVIIe siècle. L'émigré français Étienne Delaune importa ses talents outre-Rhin. En collaboration avec les meilleurs artisans de son temps, il contribua à la décoration de nombreuses armures de luxe en France, puis en Allemagne où son style extrêmement apprécié continua longtemps après sa mort à inspirer les armuriers. La plus belle armure décorative qui soit au monde est son œuvre, c'est celle que nous avons représentée page 111. Elle est conservée au musée de Dresde.

La selle

Il est frappant de constater à quel point l'évolution de la selle est davantage liée à l'évolution de la lance qu'aux progrès de l'équitation.

Avec la lance lourde apparaît le troussequin en « dossier de fauteuil » sur lequel le chevalier s'appuyait pour donner à son coup le plus de force possible, tandis que l'arçon de devant se « hourdait », formant un véritable bouclier qui protégeait le ventre et les jambes jusqu'aux genoux. On appelait parfois ce dispositif « selle à la façon d'Allemagne ».

La dossière de la fin du XVe siècle commença à s'abaisser, soutenue par des arcs-boutants caractéristiques dont l'élasticité soulageait la fatigue du cavalier. Le « hourd » de devant commençait en même temps à se réduire.

La lance s'allégeant, on voit s'effacer la dossière, mais les arçons protecteurs auxquels on prenait l'habitude de suspendre la « pistole » ne disparaîtront qu'avec les premiers étuis à pistolets derrière lesquels se protégeront les cuisses. Typiques de la seconde moitié du XVIe siècle seront les coussinets calant les cuisses, disposés en arrière des quartiers de la selle.

L'éperon

Divers auteurs ont tenté d'établir un classement chronologique de l'éperon par l'étude de l'une ou l'autre de ses parties. La molette semblait offrir la meilleure base, mais elle déjoua tous les efforts de classification avec ses pointes variant de six à vingt selon les pays et les époques. L'éperon est la partie de l'équipement chevaleresque la plus délicate à dater.

JOUTES (III)

1. Heaume en deux pièces, 1490. — 2. Heaume en deux pièces, 1515. — 3. Armure super-lourde, 1490. Elle surprend par l'inattendu raffinement de sa taille articulée. — 4. Salade de joute à la lance de guerre, 1560. — 5. Heaume en trois pièces, début du XVIe s. — 6. Renforts d'une armure de joute lourde saxonne, fin du XVIe s. — 7 et 8. Armure typique de 1515-1520, vue de face et de dos. Elle pèse près de 41 kilos. Les antennes des épaules servaient à fixer les lambrequins décoratifs. — 9. Armure de joute à la lance de guerre, 1490. Les jambes sont protégées par des garde-cuisses. Le dard, sur la poitrine, pouvait recevoir une cible (par exemple une pomme) que l'adversaire tentait d'atteindre. À droite, fer de la lance, longue de 3,20 m. — 10. Casque de joute légère, dite « à l'étrangère » ou « à l'italienne », vers 1500. — 11. Armet de joute légère à fenêtre d'aération, 1560. On croit encore y voir une ouverture permettant... de sonner de la trompe sans s'exposer ! — 12. Armure, 1500. — 13. Armet de joute légère à fenêtre d'aération. Le cordon déclenchait l'ouverture (cf. fig. 11). — 14. Heaume, début du XVIe s.

1
2
3
4
5
6
7
8
9
0
11
12
13
14
F. Funcken

L'étrier

Le lecteur trouvera un grand nombre d'étriers parmi les illustrations. Mentionnons simplement l'existence d'étriers-solerets. Portés du milieu à la fin du XVe siècle, ils couvraient la majeure partie du pied.

Éperons et étriers étaient fabriqués avec un soin extrême, comme tout le reste de l'équipement d'ailleurs, jusqu'au plus petit boucleteau.

Joutes et tournois

Au XVIe siècle, les tournois et les joutes se développèrent d'une façon extraordinaire, adoptant à la fois des règles plus précises et des variantes innombrables, particulièrement en ce qui concerne la joute ou combat à la lance.

Alors que la France lui conservait son caractère guerrier, l'Allemagne et les Pays-Bas imaginèrent toute une gamme d'exercices dont nous allons tenter de dégager les types essentiels.

Très apprécié, le *Welsches Gestech* ou *Welsches Rennen,* joute ou course « à l'étrangère » dite aussi « à l'italienne », consistait à charger l'adversaire en suivant une barrière de séparation et à briser une lance légère faite de bois de peuplier. La coutume était de rencontrer, au plus, trois adversaires successifs. Anodine en apparence, cette performance n'était pas facile à réaliser, car le fer dérapait facilement sur les surfaces fuyantes de l'armure. Pointer et diriger son cheval lancé au galop, ajuster et toucher le point d'impact idéal demandait une somme d'expérience considérable.

C'est au cours d'une course à l'italienne que le roi de France Henri II fut mortellement blessé le 30 juin 1559. Ayant déjà brisé avec succès les trois lances traditionnelles, le souverain voulut affronter un adversaire supplémentaire, Gabriel de Montgomery, seigneur de Lorges, mais une esquille de la lance de ce dernier pénétra dans la « vue » du casque royal, entrant profondément sous le sourcil droit de Henri et provoquant sa mort le 10 juillet suivant.

Pareil accident était devenu extrêmement rare dans cette espèce de joute. Par contre, d'autres variantes en usage en Allemagne faisaient courir d'énormes risques. Les courses à la targe futée, à la poêle, au bourrelet, à la queue, dont nous avons montré les particularités dans notre premier tome, avaient un caractère beaucoup plus brutal et se pratiquaient le plus souvent avec des fers de lance acérés.

Il semble que ces subtils « amusements » se raréfièrent au cours de la première moitié du XVIe siècle pour faire place à un seul type de « joute lourde », tout différent de la « joute légère » à l'italienne et beaucoup plus spectaculaire. On la nommait *Scharfrennen* — de *scharf,* aigu, et *Rennen,* course —, et comme son nom l'indique, on se servait de lances aiguës montées sur une hampe solide. Le but de la joute était de désarçonner l'adversaire, purement et simplement, avec ces lances aussi meurtrières qu'une

JOUTES (IV)

1. Pièces de renfort pour la joute, 1540. — 2. Armure, 1580. C'est une armure de guerre classique munie des suppléments de renfort pour la joute : le manteau d'armes, le garde-bras et le gantelet dit « gagne-pain ». — 3. Heaume, 1520. — 4. Armet de joute « à l'italienne », 1580. Avec une béquille de mézail (pour le maintenir relevé) et un orifice d'aération. — 5. Armure de guerre avec ses suppléments pour la joute, 1520. — 6. Armure de joute « à l'italienne », 1520. — 7. Armure, 1560. — 8. Armure de guerre et de joute, 1585. On la désigna longtemps comme celle de Guillaume le Conquérant ! — 9. Armure, 1560. La fenêtre d'aération démontre bien sa véritable fonction, la pratique du cor s'avérant ici particulièrement saugrenue (voir fig. 11 et 13 de la planche précédente). — 10. Armure saxonne typique, 1590.

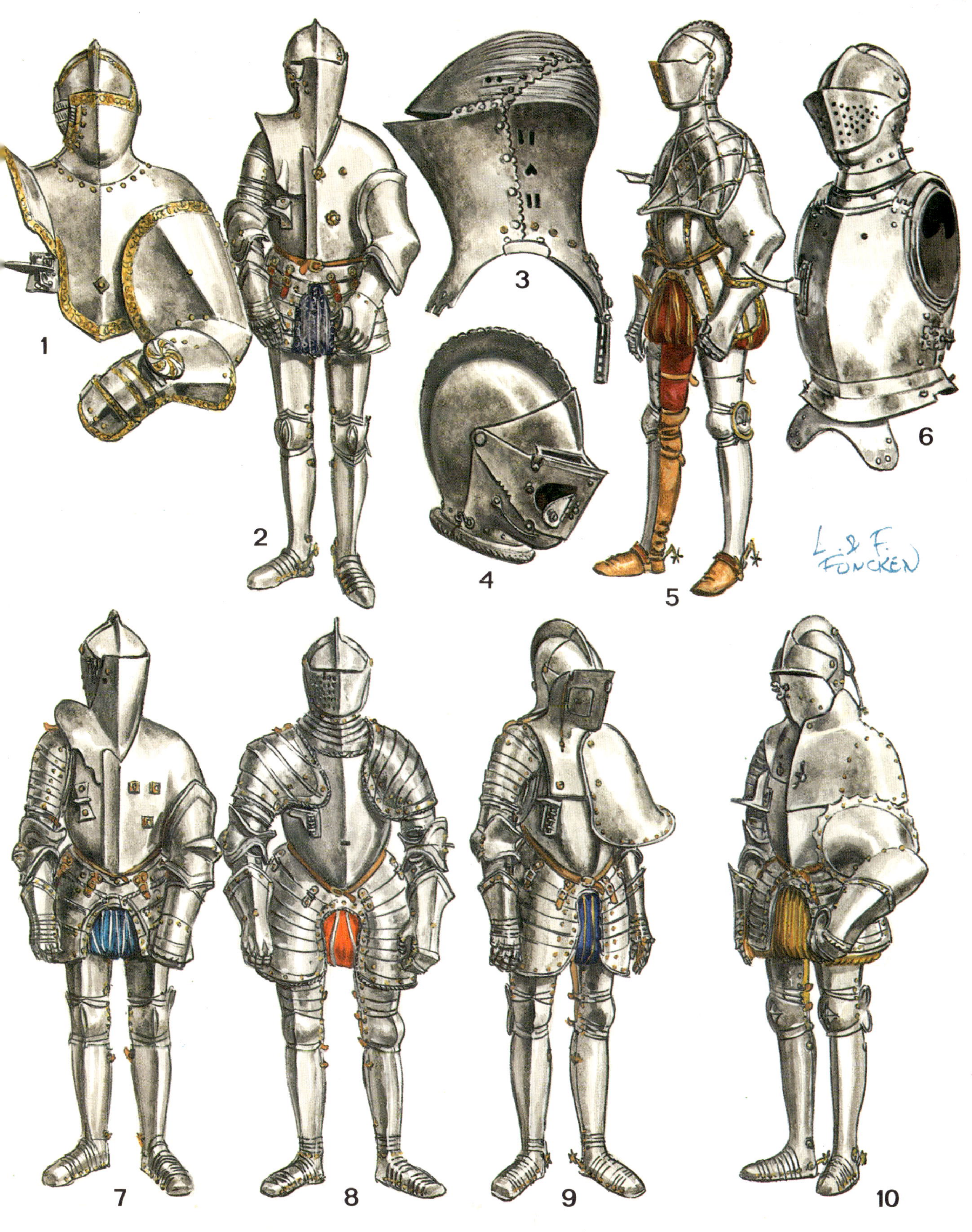
1
2
3
4
5
6
L. & F.
FUNCKEN
7
8
9
10

arme de guerre. Signalons cependant que nous avons relevé pour ce type de joute des rochets de lance infiniment moins dangereux.

Afin d'éviter au vaincu d'avoir les reins brisés, la selle n'avait pas de troussequin. Aucun obstacle ne s'opposait donc à la chute, mais il y a lieu de s'interroger sur les résultats fâcheux que pouvait avoir le contact brutal avec le sol d'un corps ayant une armure de torse qui pesait parfois cinquante kilos !

Le terme *stechen* (piquer) était également employé à l'époque du gothique tardif, à propos des jouteurs qui portaient le heaume à tête de crapaud et la forte targe souvent recouverte de cuir. On utilisait en général une lance à fer émoussé, mais de nombreuses traces observées sur les armures et les targes ont indubitablement été portées par des fers aigus.

Vers 1515 apparut un type d'armure nouveau, constitué d'un buste et d'un casque puissamment renforcés par un manteau d'armes, mais qui laissait les jambes complètement sans défense. Il est vrai que la barrière avait considérablement augmenté d'importance : on la fabriquait en bois plein et sa hauteur atteignait parfois plus de 1,70 mètre. La nette tendance à garantir une sécurité de plus en plus grande est confirmée par le poids de certaines armures : jusqu'à soixante-dix et même quatre-vingts kilos ! Il fallait résister aux coups d'une lance énorme, qui pesait de douze à quinze kilos.

La joute lourde à l'allemande se mua en une joute classique avec armure complète, manteau d'armes et casque renforcé, mais il est évident que le but poursuivi se limitait au bris de la lance. Pour se livrer à la joute légère, on endossait une armure classique sur laquelle on appliquait des suppléments. Ces renforts étaient enlevés pour le tournoi à l'épée et à la masse.

Le *Freiturnier* des Allemands ou « tournoi libre », sans barrière, se faisait paires contre paires. Les participants brisaient une lance puis combattaient à l'épée.

La lance ayant beaucoup perdu de son prestige au cours de la première moitié du siècle, les tournois disparurent rapidement. Ils furent définitivement abandonnés en France en 1591, après que le roi Charles IX eut été blessé dans une rencontre avec le duc de Guise. On utilisait alors des lances cannelées et creuses nommées bourdonnasses.

Le combat à pied

Livré de part et d'autre d'une barrière interdisant les coups bas, le combat courtois à pied se pratiqua dès la fin du XVe siècle avec une armure ordinaire dotée d'un casque spécial étroitement fermé et très résistant.

Au début du XVIe siècle, on vit apparaître l'armure à tonne, dont la « jupe » en cloche protégeait bien les jambes. On prit ensuite l'habitude de fournir l'armure de guerre ordinaire de pièces de renfort achetées en option, telles des visières renforcées, plutôt que le casque spécial, ou une grand-garde pour l'épaule et le bras gauche.

JOUTES (V)

1. Armet, 1590. — 2. Armure à tonne, 1512. La protection lamellée de la saignée était dite « à la moderne ». — 3. Armure de 1514 ayant appartenu à Henri VIII d'Angleterre. Elle nous indique que le monarque avait alors un tour de taille d'environ 88 cm. Une autre armure, confectionnée en 1540, présente un tour de taille... de 1,64 m ! — 4. Du même, à tonne, 1515. — 5. Casque de la fig. 3. — 6. Armet, 1591. La béquille servant à relever le mézail pendant les pauses était souvent pendue, comme ici, à un cordonnet. — 7. Armet-salade, 1490. À une époque où la salade est reine naît cet hybride assurant la protection totale de l'armet, mais conservant la visière à vue coupée typique de l'universelle salade. — 8. Armure à costume, 1515. — 9. Bourguignotte « à la savoyarde », 1610. Les Allemands la nommaient *Totenkopf* (tête de mort).

Les armures de combat à pied ont pour seule véritable particularité la conception du mézail du casque, limitant au maximum les orifices destinés à l'aération et à la vision.

1
2
3
4
5
6
7
8
9
L. & F. Funcken

Les armures spéciales de combat à pied ne nous sont parvenues qu'en très petit nombre. Les plus parfaites d'entre elles furent fabriquées entre 1515 et 1520. À cette époque, l'armure était du type dit « à costume » et moulait étroitement tout le corps. Le pli des bras et des jambes était rendu complètement impénétrable aux coups par un système de lamelles articulées. Le bas du tronc lui-même était enfermé dans une culotte étanche, ce qui faisait de ces armures de véritables scaphandres. Une très belle armure de ce type, parfaitement lisse, fut fabriquée par le tout nouvel atelier de Greenwich pour son royal patron Henri VIII. La mode des armures à costume était déjà passée vers 1520.

Les dernières armures de combat à pied de la seconde moitié du XVIe siècle revinrent à la jupe en tonne amovible.

Fait étrange, les armures arrivées jusqu'à nous ne présentent pratiquement aucune trace des coups terribles que les combattants étaient, à première vue, censés se porter. Il est vrai que de telles rencontres auraient été extrêmement éprouvantes, ne serait-ce que par le choc des armes émoussées. Est-il interdit d'imaginer un duel d'adresse pure avec des armes de bois ?[1] Ce serait une solution à l'énigme que posent ces harnois intacts.

Gantelets et solerets

Les illustrations de ces pièces d'équipement se passent de commentaires. Nous nous bornerons à attirer l'attention du lecteur sur la forme en « coup de poing américain » de nombreux gantelets, ainsi que sur l'étonnant système à verrou qui assurait parfois la prise en main des armes. Le verrouillage s'opérait par l'entremise du pouce ou des autres doigts, et dans ce dernier cas l'extrémité de la moufle se fixait à l'intérieur du poignet, sur la garde.

Le soleret à poulaine que la légende attribue à une difformité de Falco IV comte d'Anjou au début du XIe siècle ou, au choix, à Henri II d'Angleterre au XIIe siècle, était en réalité inspiré de la chaussure civile dite pigace ou pigache au XIVe siècle, connue et portée depuis l'antiquité.

Le soleret en « pied d'ours » ou en « gueule de vache » ne provient pas davantage d'une prétendue imitation des chaussures de Charles VIII affligé de six orteils à chaque pied. On adopta d'ailleurs la forme dite « demi-sabot » ou « demi-pied d'ours » de 1485 à 1490. Le « pied d'ours » cédera la place au « bec-de-cane » vers 1550.

1. Il exista pour les tournois des épées en parchemin ou en os de baleine.

GANTELETS ET SOLERETS

Gantelets : 1. Miton de mailles. — 2. Gantelet à rondelles, 1300. — 3. À mitaine de cuir, 1300. — 4 et 4a. À plaques, première ébauche du gantelet d'armes, 1320. — 5. À miton (a) indépendant des doigts, cousus sur le gant, 1325. — 6. À miton indépendant, 1350. — 7. À miton indépendant, 1380. — 8. « Gothique », 1440. — 9. Miton, 1440. — 10 et 11. Mitons « gothiques » à trois et à une lame, 1450. — 12. À triple lame, 1460. — 12a. Envers de la fig. 12. — 13. Miton, 1470. — 14. Miton, 1490. — 15. Miton, 1510. — 16. Miton adhérent, du type « maximilien », 1510. — 17. Miton à verrou, 1540. — 18. 1560. — 19. 1570. — 20. 1595. — 21. Prothèse dite de Götz von Berlichingen. Le héros avait été mutilé en 1504 par une balle de couleuvrine, mais une source sûre fait état de l'amputation de la main droite. En a, détail de l'articulation d'un doigt. Cette « main de fer » n'est pas unique en son genre. — 22. Gantelet « gothique », 1480 : a. garde ; b. défense du poignet ; c. défense du métacarpe, dite « miton » ; d. défenses des doigts formant « coup de poing américain ». Le gantelet était monté sur un gant de cerf, de daim ou d'élan et souvent renforcé sous la paume et sous chaque doigt.

Solerets : 1. 1330. — 2. 1350. — 3. 1370. — 4. 1384. — 5. 1390. — 6. À poulaine amovible, 1430. — 7. À poulaine, 1450. — 8. À poulaine amovible, 1450. — 9. À poulaine, 1480. — 10. À pied d'ours, 1505. — 11. À pied d'ours, 1510. — 12. À pied d'ours, 1515. — 13. À pied d'ours, 1530. On disait aussi, parfois, « en museau de vache ». — 14. À bec de cane, 1570. — 15. À bec de cane, 1590.

Dans la mode civile de l'époque des poulaines, la règle fixait de façon très stricte la longueur de ces appendices. Ainsi princes et ducs avaient droit à des chaussures mesurant deux fois et demie la longueur de leurs pieds ; la haute aristocratie deux fois et les chevaliers une fois. Il est plus que probable que cette « hiérarchie de la poulaine » s'appliqua avec la même rigueur aux chaussures de guerre.

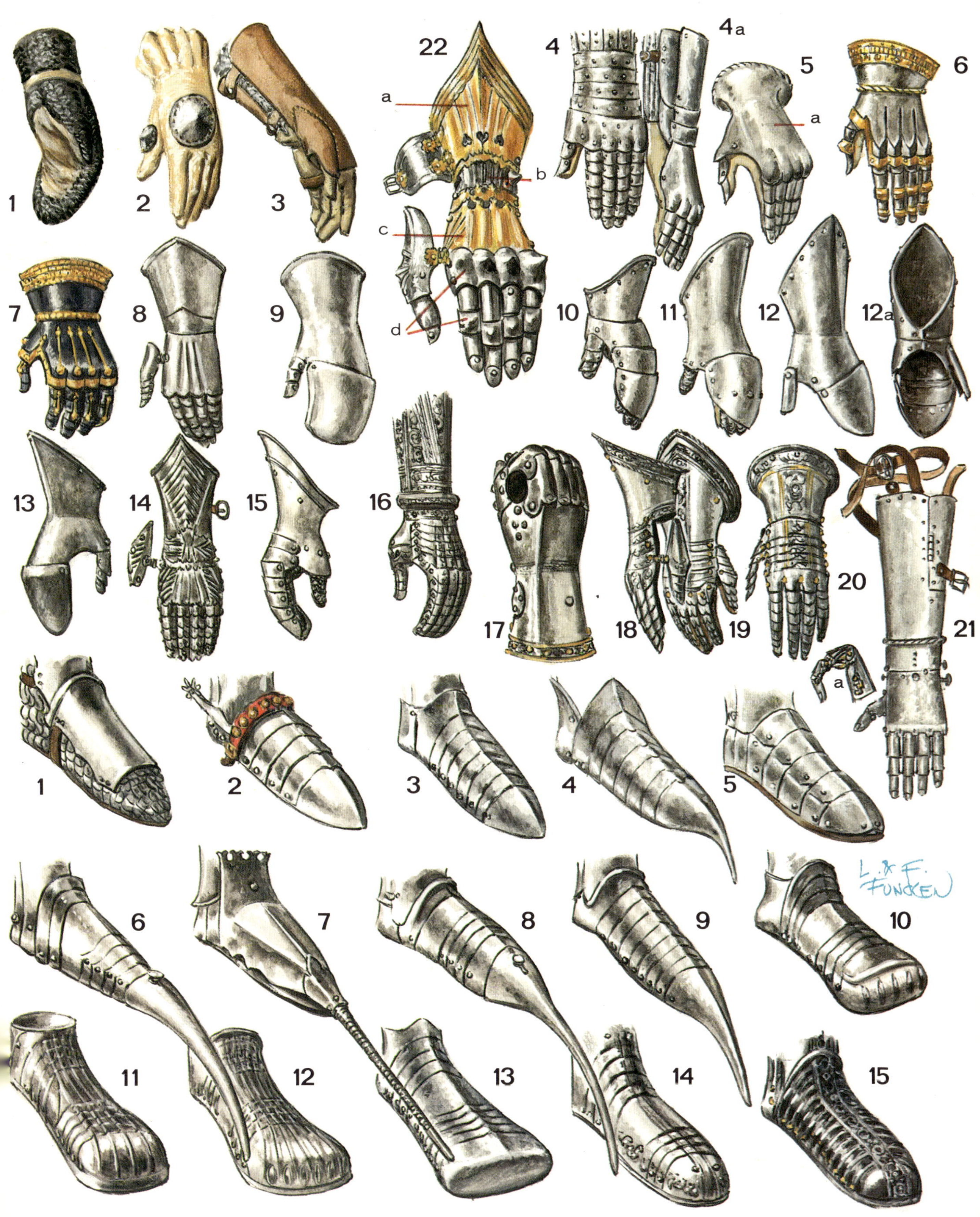

1
2
3
22
a
b
c
d
4
4a
5
a
6
7
8
9
10
11
12
12a
13
14
15
16
17
18
19
20
21
a
1
2
3
4
5
L. & F. FUNCKEN
6
7
8
9
10
11
12
13
14
15

QUATRIÈME PARTIE

CASQUES ET ARMURES

Les casques

Dans notre premier tome, l'étude de l'armet s'interrompait avec les modèles de la fin du XVe siècle. Leurs successeurs du XVIe siècle se répartirent en deux types distincts quoique souvent confondus. Nous les avons baptisés « armet du premier type » et « armet clos ».

L'armet du premier type

Il perpétua les caractéristiques du modèle original, c'est-à-dire :
1° le mézail, qui pivotait sur deux pivots latéraux;
2° les « joues » mobiles montées sur des charnières latérales et se verrouillant sur le menton.

Ce système présentait un point faible évident : la fragilité de sa fermeture et de la jonction des joues, qui pouvaient être forcées par un coup violent. Il faut toutefois remarquer que le mézail, rabattu pendant le combat, faisait office de verrou supplémentaire en débordant largement sur la jointure des joues, rendant extrêmement difficile le forcement de ces deux parties maxillaires.

On imagine le supplice de l'homme d'armes enfermé durant des heures dans son harnois surchauffé par le moindre rayon de soleil! L'armet du premier type avait l'avantage de pouvoir rester entrebâillé jusqu'au moment du combat et de permettre à l'homme de s'aérer largement. C'est peut-être cette seule commodité qui fera conserver ce modèle ouvrant jusqu'à l'abandon de l'armure.

L'armet clos

Alors qu'en français le même terme d'armet confond le premier et le second types, l'italien *elmetto da incastro,* l'allemand *geschlossener Helm* et l'anglais *close helmet* désignent l'armet du second type, notre « armet clos ». Il est frappant de constater, par ailleurs, que si la distinction existe bien, une extraordinaire confusion règne le plus souvent dans la dénomination de cet armet clos, pourtant clairement désigné et si facilement reconnaissable.

De nombreux spécialistes anglais et allemands confondent l'un et l'autre, l'armet du premier type devient automatiquement un casque clos dès qu'il appartient au XVIe siècle! Il semblerait que ce soit l'apparition du cimier et de la crête, prétendument typiques de l'armet clos, qui soit à l'origine de cette confusion. Or l'armet du premier type évolue parallèlement au nouveau venu, suivant tout à fait logiquement l'évolution de la mode qui adopte la crête peu élevée puis le mince cimier plus élancé, comme on pourra le contrôler dans les illustrations.

L'ARMET

L'armet du premier type représenté ici (entre 1450 et 1590) se caractérise par ses charnières latérales et ses « joues » mobiles (voir détails pp. 41 et 43 du tome Ier) se verrouillant sur le menton. Ce système subsistera jusqu'à la fin du XVIe siècle parallèlement à celui du type fermé, qui rassemblait toutes les pièces mobiles sur deux pivots latéraux (voir la planche suivante). Rappelons qu'un troisième système, à bavière et joues d'une seule pièce pivotant latéralement sur une charnière, avait également existé (voir tome Ier, p. 43). — La seule explication plausible de la longue survivance de l'armet du premier type est, à notre avis, la possibilité qu'il laissait à son porteur de s'aérer par forte chaleur en ouvrant ses « joues », sans découvrir pour autant la tête comme l'exigeait l'armet du second type.

1. Armet à bec de moineau, 1500 : a. timbre; b. vue; c. ventaille (la vue et la ventaille formaient le mézail); d. mentonnière; e. béquille; f. gorgerin; g. rondelle de volet; h. joues; i. trou de plumail; j. verrou de la mentonnière.

2. Armet à visière en soufflet, 1515. Le soufflet subsistera jusque vers 1560. — 3. 1520. — 4. À bec de moineau, 1520. — 5. À soufflet, 1530. — 6. En museau de chien, 1520. — 7. À visière camarde, 1525. — 8. À soufflet, 1530. — 9. À béquille d'arrêt, 1535. — 10. 1535. — 11. À mézail à grille, 1555. — 11a. Le même, ouvert. — 12. 1575. — 13. 1590. — Ces deux derniers modèles présentent le profil typique du mézail de l'école de Greenwich.

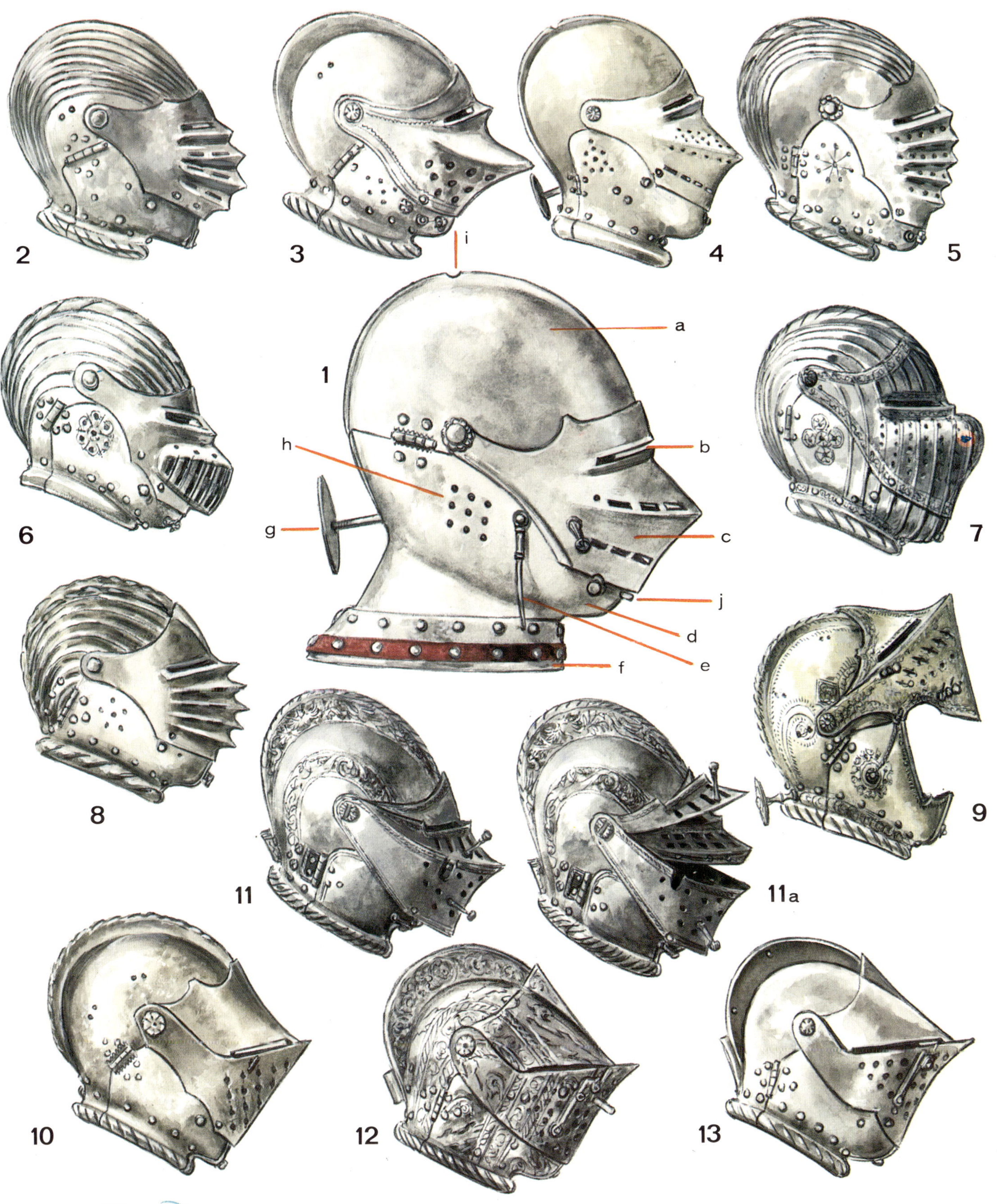
2
3
4
5
i
a
1
b
h
c
g
j
d
e
f
6
7
8
9
11
11a
10
12
13
L. & F. FUNCKEN

La seule et véritable différence réside dans l'articulation du mézail et de la mentonnière ou bavière *d'une seule pièce* sur les *mêmes pivots* latéraux.

L'armet ne permet donc plus l'ouverture sur le menton, mais s'entrouvre d'avant en arrière, par les côtés, pour laisser passer la tête puis se refermer comme les valves d'un coquillage. On le verrouillait alors sur les côtés du cou avec un crochet ou un bouton à ressort. L'aération ne pouvait être assurée qu'en ouvrant le mézail, et souvent il existait une béquille qui l'empêchait de retomber de lui-même par les secousses du trot.

La salade-armet

Nous avons montré dans notre premier tome quelques-uns des hybrides issus de la salade classique du XVe siècle, à couvre-nuque imposant. Il était logique de voir les amateurs de la salade adapter celle-ci aux goûts du jour et lui donner un mézail (voir le tome Ier, page 39, fig. 8, et page 137, fig. 5).

Le *Vizierhelm* des Allemands, en fait une « salade à visière », s'articulait tout naturellement comme l'armet clos (voir page 93, fig. 2). Doté d'une bavière à gorgerin et d'un couvre-nuque assorti, moins volumineux, il fut nommé *Mantelhelm.*

Toujours basé sur le système très simple des pivots latéraux, ce modèle se répandit à travers l'Europe dès 1530 et subsista à côté des armets clos proprement dits jusqu'à l'abandon de l'armure au XVIIe siècle.

En France, l'armet à crête élevée de la seconde moitié du XVIe siècle se distingue par la minceur de cet élément si on le compare aux cimiers nettement plus épais de la plupart des modèles étrangers. Cette particularité est due à une simplification du travail de forge consistant à confectionner le timbre en deux parties serties et rivées par le cimier, selon le procédé dit « à chaude portée ». Jamais les grands armuriers allemands et italiens n'utilisèrent ce qu'il faut bien appeler le subterfuge de la forge en coquille. Cette pratique interdisait de prolonger le cimier par l'étroite arête formant nasal entre les deux fentes de la « vue » et s'engageant sous la ventaille, arête que l'on rencontre sur les plus beaux armets étrangers. Ce mince appendice ne pouvait en effet être réalisé en deux parties, et même les armuriers pratiquant la forge en une seule pièce évitèrent le plus souvent cette « vue coupée » relativement fragile. Le mézail, fait d'une pièce supplémentaire munie de fentes pour le regard et d'une autre pièce percée de trous pour l'aération — la ventaille —, fut adapté à l'immense majorité des armets et leur assura une excellente protection.

L'ARMET CLOS

L'armet du second type, que nous désignons sous le terme d'armet clos, abandonne le système à charnière latérales de l'armet véritable et articule son mézail (vue et ventaille) et sa bavière sur deux pivots latéraux. Le casque s'ouvrait comme un coquillage et était verrouillé par un crochet ou un bouton-poussoir latéral. Les Allemands, les Anglo-Saxons et les Italiens nomment respectivement ce type d'armet *geschlossene Helm, close helmet* et *elmetto da incastro.* Il est toutefois extrêmement rare de voir appliquer correctement ces appellations, même dans les ouvrages spécialisés. Une autre classification, basée sur la crête ou le cimier « typiques » de l'armet clos, est contredite par la présence de ces éléments sur l'armet du premier type (voir planche précédente).

1. Armet à soufflet, 1510. — 2. Hybride ou salade-armet, 1510. Dit *Vizierhelm* en Allemagne. C'est une évolution de la salade. — 3. À vidaille et à bec de moineau, 1515. — 4. 1515. Évolution de l'hybride de la fig. 3. C'est le *Mantelhelm* des Allemands, modèle à gorgerin antérieur et postérieur visible également sur les fig. 5, 6, 8, 10, 12, 13, 14, 16 et 17. — 5. En tête d'aigle, 1530. — 6. Camard. 1520. — 7. À visage, 1535. Quoique placé parmi les casques clos à mézails de fantaisie, cet armet est du premier type ainsi qu'en témoigne son verrou sur le menton. — 8. À tête de chien, 1540. — 9. À visage, 1520. Le cimier (de profil) est semblable à celui de la fig. 10. — 10. À soufflet, 1540. — 11 et 12. 1560. — 13. 1570. Le mézail incurvé est typiquement anglais (ateliers royaux de Greenwich). — 14. À tête d'animal articulée, 1580. L'Italie excella dans la *grande maniera,* qui imita l'antiquité romaine de 1530 à 1590. — 15. 1580. — 16. 1585. À béquille d'arrêt. — 17. 1585. — 18. 1590. — 19. 1592.

1
2
3
4
5
6
7
8
9
10
11
12
13
14
15
16
17
18
19
L. & F. FUNCKEN

L'armet à gorge

Ce système, commun à nos deux types d'armet, consistait à fixer la base du casque par une gorge qui s'adaptait à un bourrelet pratiqué sur le gorgerin de l'armure. Le casque ne pesait donc plus sur la tête, son poids se reportait sur les épaules. Très utilisé avec les armures maximiliennes du début du XVIe siècle, l'armet à gorge fut conservé jusqu'au siècle suivant.

Évolution de l'armet

C'est la crête, puis le cimier de plus en plus élevé, qui caractérisent l'âge de l'armet. Le cimier diminua ensuite d'importance à partir de 1590 et le profil du mézail s'alourdit par une réduction de sa proéminence et une tendance à augmenter les proportions de sa partie inférieure, la ventaille, en la relevant en même temps presque à la verticale. Nos illustrations montrent très clairement tous ces détails, peut-être un peu obscurs à la seule lecture.

Beaucoup d'armets isolés, dissociés de leur armure, figurent dans les collections publiques et privées. Indépendamment des modèles dont le riche décor indique de toute évidence la qualité, on pourra infailliblement reconnaître la « belle pièce » à un petit détail : la finition de la cordelette abondamment utilisée depuis le XVe siècle comme motif décoratif des bords, allant du coup de burin hâtif à la plus fine ciselure.

L'armet à visage

Entre 1510 et 1540, pendant la période de fabrication de l'armure maximilienne, on confectionna, assez exceptionnellement, des armets à visage humain de caractère plus ou moins caricatural. Le plus célèbre d'entre eux, exécuté par l'illustre Conrad Seusenhofer d'Innsbruck vers 1512, étonne et amuse les visiteurs de la Tour de Londres ; il représente une tête ricanante fort expressive dont les traits sont soulignés par des fentes d'aération habilement disposées. Attribuée au bouffon du roi Henri VIII, sans aucune certitude, cette curieuse pièce est ornée de cornes de mouflon véritables et semble avoir porté des besicles, disparues aujourd'hui.

Nuremberg, bien plus fécond qu'Innsbruck, Augsbourg ou Milan, produisit la plupart de ces surprenantes réalisations, grâce à des maîtres tels que Wilhelm von Worms l'aîné.

Les têtes d'animaux furent largement utilisées à la même époque dans tous les ateliers. La clientèle intéressée par ces fantaisies semble avoir été presque exclusivement allemande.

La période dite de la *grande maniera* italienne prit la relève dès 1530 avec ses armures à l'antique. Elle nous a laissé une impressionnante série de pièces de tous types d'une richesse d'invention et d'exécution extraordinaire, qui n'avaient d'ailleurs pratiquement plus rien de commun avec l'attirail guerrier véritable mais semblaient plutôt destinées aux acteurs des premières tragédies dont l'Italie féconde de la Renaissance venait de donner l'exemple[1].

1. Tragédies aussi peu « antiques » que les armures !

LA BOURGUIGNOTTE (I)

1. Première moitié du XVIe s. — 2. À visière mobile et à triple crête, première moitié du XVIe s. On distingue les trous de fixation du revêtement en tissu. Idem pour la fig. 5 (voir aussi la planche suivante, fig. 4 et 7). — 3. Milieu du XVIe s. Cette bourguignotte était appelée parfois fort justement pot-en-tête. — 4. À triple crête, seconde moitié du XVIe s. On y remarque une curieuse tendance vers la forme typique du morion. On l'a baptisée bourguignotte-pot. — 5. Seconde moitié du XVIe s. Ce pot-en-tête montre le dernier stade d'une mutation vers la vraie bourguignotte. — 6. Seconde moitié du XVIe s. — 7. Porte-drapeau et piquiers doubles-soldes des lansquenets, vers 1525. C'étaient des soldats d'élite combattant au premier rang. Leurs bourguignottes sont d'un modèle devenu très rare. Les piques avaient une longueur d'environ 3,75 m.

En France, l'ordonnace de 1534 accordait au fantassin la « salade crêtée », bientôt nommée « habillement de teste à la bourguignonne » et baptisée ensuite « bourguignotte ». Le succès immense de cette nouvelle coiffure guerrière s'explique aisément par sa forme particulièrement harmonieuse, martiale et seyante.

1
2
3
4
5
6
7
L. et F. Funcken

La bourguignotte

Issue à la fois de la barbute italienne et de la salade, la bourguignotte était dite au début du XVIe siècle « habillement de teste à la bourguignonne ». Elle avait été adoptée par les *Knappen* — hommes d'armes des seigneurs féodaux allemands — et par les fameux lansquenets, sous le nom de *Sturmhaube*, casque d'assaut.

La bourguignotte se reconnaît à plusieurs éléments : son « avance » ou visière horizontale, ses « jouées », « oreillons » ou « garde-joues » et son couvre-nuque bien marqué. À l'instar de l'armet du guerrier bien né, ce casque très fonctionnel s'agrémenta peu à peu d'une crête discrète puis d'un cimier de plus en plus volumineux.

Jamais coiffure militaire ne fut à la fois plus efficace et plus seyante. C'est merveille que de voir sa forme évoluer jusqu'à atteindre une grâce martiale sans égale. Les plus grands seigneurs ne s'y trompèrent point, qui en commandèrent à leurs maîtres-armuriers et les firent décorer par les meilleurs artistes.

Ces créations splendides sont conservées dans nos musées, le plus souvent avec leur « masque » ou « bavière » à soufflet ou à grille destiné à protéger d'augustes visages. Mais ces pièces supplémentaires s'accordent mal avec la bourguignotte, en dépit de toute l'habileté des maîtres-artisans et des artistes. Elles restent un ajout qui trahit l'emprunt à l'armet de son mézail typique.

La bourguignotte connut son apogée au milieu du XVIe siècle, époque à partir de laquelle on commença à la fabriquer en métal mince et léger. Fabriquée en grande série par les ateliers de Nuremberg et d'Augsbourg, elle passa de l'infanterie à la cavalerie légère de toute l'Europe occidentale.

Des modèles de très bonne qualité étaient dotés de trois à cinq crêtes et susceptibles de recevoir, en outre, une coiffe de tissu. On a souvent prétendu qu'il s'agissait de casques de chasseurs de chamois, équipés d'un recouvrement anti-reflets et de protections contre les pierres. C'est, à notre avis, une opinion fort hasardée, car il est certain que de nombreuses troupes portèrent de semblables bourguignottes, notamment la garde personnelle de l'empereur Charles Quint, en 1530.

La bourguignotte à la savoyarde

Utilisant le même principe défensif que la bourguignotte à masque citée plus haut, cette coiffure était un hybride de l'armet clos et de la bourguignotte, dont elle possédait l'avance articulée sur des pivots latéraux comme sa bavière[1] se prolongeant en gorgerin.

Le « masque » était suspendu à la visière de l'avance mobile, par laquelle il se relevait ou s'abaissait. De facture très simple, voire sommaire, cette plaque protégeant le visage n'avait avec le mézail classique aucune similitude excepté sa fonction. Les orifices de la vue y étaient largement découpés, accompagnés des petits trous d'aération.

LA BOURGUIGNOTTE (II)

1. À visière pivotante, vers 1560. — 2. Vers 1600. — 3. Fin du XVIe s. — 4. À crête triple, début du XVIe s. On distingue les trous jumeaux destinés à fixer le revêtement de tissu (voir fig. 7).

Les hybrides : 5. Bourguignotte-pot, milieu du XVIe s. — 6. De type hongrois, milieu du XVIe s. — 7. Bourguignotte-morion à cinq crêtes, 1560. L'utilisation de tissu était assez fréquente, soit comme antireflets, soit comme marque distinctive. — 8. Bourguignotte-morion, 1570. — 9. Bourguignotte-morion, 1600. — 10. Bourguignotte-cabasset, 1550.

11. Armure princière, 1550. D'innombrables portraits en pied représentent des personnages à la tête et aux jambes découvertes ; ils sont dits aujourd'hui porteurs d'une demi-armure ou d'une armure de combat à pied, à la barrière. Nous pensons qu'il s'agit plutôt d'une recherche esthétique visant à estomper le caractère guerrier du tableau. Il est infiniment peu probable que ces hommes de guerre se soient résolus à affronter les périls du combat en un aussi simple appareil. La bourguignotte montrée ici constituait très souvent une « option » achetée en même temps que l'armure complète et son étouffant mais indispensable armet clos. Le lecteur trouvera plus loin la véritable demi-armure portée. Celle-ci est dotée du busc en « cosse de pois » typique de cette époque.

1. C'est la bavière qui composait toute la partie inférieure du casque et enrobait les joues et le menton, dite aussi « mentonnière ». À ne pas confondre avec la bavière synonyme du « masque » de bourguignotte.

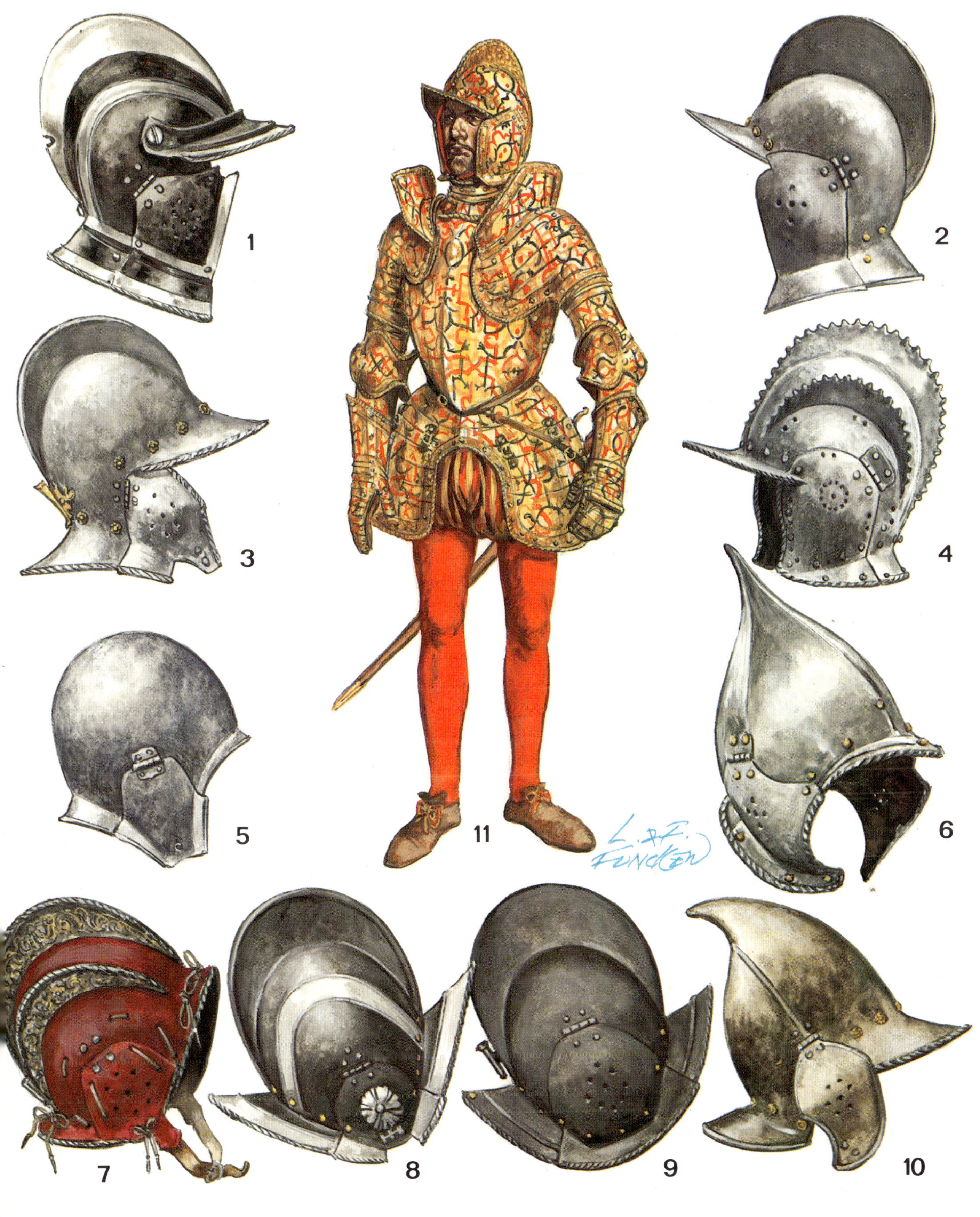
1
2
3
4
5
6
7
8
9
10
11
L. & F. FUNCKEN

Des armuriers s'ingénièrent à donner plus de personnalité à cette pièce défensive en y pratiquant des vues en forme d'orbites et une bouche faite d'une découpe en triangle. L'effet, déjà saisissant, fut accentué par certains en ajoutant des paupières, des sourcils, obtenus par la courbure des bords de l'avance, des narines, des nez ou des bouches largement fendues... En Allemagne, on donna parfois à ces masques effrayants le nom de « têtes de mort ».

Classé universellement dans la série des armets, quoique à notre avis davantage une bourguignotte par son « avance », ce type de casque fut en général fabriqué de façon très fruste dans une tôle grumeleuse et noircie. Les Italiens le nomment *elmetto alla viscontea,* le distinguant ainsi de l'armet. Ce modèle purement italien, inauguré par les troupes du duc Charles-Emmanuel de Savoie, connut un assez joli succès dans le domaine de l'armure de luxe jusqu'à la dernière *armatura da corazza* — armure de corasse — portée par quelques grands seigneurs de la première moitié du XVIIe siècle.

Le morion

Qu'il tire son nom de l'espagnol *morro* (calotte crânienne, corps rond) ou plus simplement de More ou Maure, le morion, dit d'ailleurs casque maure ou mauresque, supplanta tous les autres types de casques du XVIe siècle. On le vit apparaître en France vers 1510 et on relève sa présence dans les ordonnances royales, de Henri II à Charles IX, c'est-à-dire entre 1547 et 1574.

Les premiers morions semblent avoir eu une bombe basse, demi-sphérique, avec un cimier peu élevé, tout à fait en accord avec les autres casques existants. Nous avons tenté en vain de baser un classement chronologique sur la forme de la bombe et son développement graduel en forme basse, moyenne et haute, mais force nous a été de reconnaître que, seul, le cimier présente une nette tendance à l'accroissement, sans que ce soit pour autant systématique : on trouve de nombreux morions de la fin du XVIe siècle, de forme basse et à cimier très modeste.

La quantité de morions de bonne facture conservés dans les musées démontre à quel point ce casque fut apprécié par les fantassins européens. Il parvint même à supplanter, en Allemagne, le populaire *Sturmhaube* des belliqueux lansquenets. Non sans réticence, puisque nous avons découvert cette étonnante bourguignotte hybride fabriquée vers 1560, qui présente un compromis extraordinairement habile entre l'ancienne et la nouvelle coiffure de guerre (voir la planche II des bourguignottes, page 97, fig. 7, 8 et 9).

Le morion ne fut pas dédaigné par les plus hauts officiers; les colonels et mestres de camp le coiffaient pour affronter l'infanterie. Doré, ciselé et généreusement empanaché selon le rang de son propriétaire, il était obligatoirement « à l'épreuve », c'est-à-dire impénétrable à la balle d'arquebuse et d'un poids moyen de deux kilos. Le morion renforcé coiffait les hallebardiers d'élite chargés de la garde de l'enseigne, de même que les lieutenants et les capitaines des piquiers.

LA BOURGUIGNOTTE (III)

1. Italienne à l'antique, 1541. — 2 et 3. 1540. — 4. Vers 1580. — 5. Italienne à l'antique, 1560. — 6. Idem, 1589. — 7. Idem, 1586. — 8. Italienne de style baroque, début du XVIIe s.

9. Porte-étendard du duc de Milan, en demi-armure d'officier d'infanterie *alla tedesca* (à l'allemande), vers 1525. La bourguignotte a une visière pivotante dont on voit mal l'utilité. Ce système disparaîtra d'ailleurs avec les développements ultérieurs de ce type de casque.

1
2
A BON DROIT
3
4
5
6
7
8
9
L. & F. FUNCKEN

Les splendides spécimens parvenus jusqu'à nous suscitent l'admiration par la finesse et la variété de leur décor, mais le plus grand prodige réside dans l'habileté insoupçonnée de l'armurier parvenant à modeler à coups de marteau ces élégantes coiffures *d'une seule pièce,* cimier compris, à partir d'une plaque de métal fruste ! Quel contraste, on l'imagine, avec les misérables productions de la fin du siècle, faites en deux pièces dans une tôle noircie éludant le polissage.

Le morion-cabasset

Ce type de morion apparut en même temps que le morion classique, dont il se différenciait par l'absence du cimier. Le rôle protecteur de cet élément était ici remplacé par la hauteur de la bombe et ses lignes fuyantes, en ogive, sur lesquelles l'arme blanche n'avait aucune prise.

Infiniment plus rare que le morion, le morion-cabasset nous semble avoir été surtout porté par les troupes à cheval, plus exposées que l'infanterie aux combats à l'épée où les coups en revers auraient trop aisément atteint un volumineux cimier. Il est par ailleurs évident que la cavalerie légère préféra toujours porter des casques plus ramassés, comme la bourguignotte.

Le morion-cabasset, le *Birnmorion* — morion poire — des Allemands, était souvent appelé « morion espagnol ».

Le cabasset

Affectant la forme de la calebasse, fruit qui lui a probablement donné son nom, le cabasset ou *Birnhelm* — casque en poire — des Allemands fut avec le morion un casque extrêmement répandu. Sa facilité de fabrication lui permit même de supplanter complètement son beaucoup plus gracieux rival dès la fin du XVIe siècle.

Le cabasset coiffa tous les types de fantassins. Il constitua la seule défense de l'arquebusier déjà fortement chargé par son fourniment et par son arme. Quant au mousquetaire, qui devait porter son énorme mousquet, son indispensable fourquine et son baudrier porte-cartouches, il négligea très vite le cabasset et se coiffa du large feutre. L'un et l'autre de ces spécialistes ne craignaient guère la cavalerie, car ils se retiraient à l'abri des piques lorsque celle-ci se montrait trop menaçante.

Avec sa forme simpliste, parfois quelque peu rehaussée par un petit cimier, le cabasset présenta un aspect misérable dès qu'on utilisa pour le fabriquer les méthodes industrielles de la fin du XVIe siècle. Perdant son ergot puis sa bombe élevée, il donna

LE MORION

Beaucoup plus répandu que son concurrent le cabasset et que son hybride le morion-cabasset, ce casque connut une vogue énorme dont témoignent les nombreux exemplaires parvenus jusqu'à nous, du plus modeste au plus luxueux.

À bombe basse : 1. 1560. — 2. Vers 1600. — 3. 1580. — 4. Fin du XVIe s. — Les fig. 1, 2 et 4 (de même que la fig. 13) sont faites de deux pièces serties et rivées. Le lys, rappelons-le, ne signifie nullement une origine française : ces casques sont, en fait, allemands. Ce sont des produits de grande série.

À bombe haute : 5 et 6. 1570. — 7. 1580. — 8. Fin du XVIe s. — 9. Seconde moitié du XVIe s. — 10. 1580.

À bombe moyenne : 11. 1580. — 12. 1600. — 13. 1600. La ville de Passau était réputée pour la fabrication de morions de ce type. — 14. À forte courbure, vers 1580. — 15. À crête haute, milieu du XVIe s. Ce n'est pas son décor gravé à l'eau-forte qu'il faut retenir, mais bien la prodigieuse virtuosité du maître qui le forgea d'une seule pièce.

La notion généralement admise de la croissance de plus en plus marquée du cimier au cours du XVIe s. est largement infirmée par ces exemples. La forme plus ou moins élevée de la bombe n'autorise pas davantage une datation. Ce qui est certain, c'est la chute verticale de la qualité au cours des dernières années du siècle à l'exception des pièces de luxe.

1
2
3
4
5
7
15
6
8
L. & F. FUNCKEN
9
10
11
12
13
14

naissance à un piteux rejeton baptisé du nom de l'ustensile domestique auquel il ressemblait : le pot.

Les armures

Nous avons montré dans le précédent tome la lente évolution de l'armure jusqu'à la perfection atteinte au milieu du XVe siècle. Le siècle suivant allait marquer la décadence de l'art de l'armurier, sacrifié aux exigences impérieuses de la mode, irrésistiblement supplanté, en dépit d'efforts désespérés, par une nouvelle et terrible invention.

Une course perdue d'avance commença entre la balle et le blindage. L' « arme scélérate », inexorablement, gagna du terrain, anéantissant peu à peu la primauté de la force physique, de l'adresse et du courage. Désormais vulnérable dans sa brillante armure, la vieille chevalerie vit s'effriter l'une des bases de sa puissance traditionnelle, face à une infanterie qu'elle ne parvenait même plus à entamer après lui être « passée sur le ventre » avec allégresse pendant plusieurs siècles. Non sans amertume, les belles gendarmeries durent se résoudre à apprendre l'obéissance, loi fondamentale de la guerre moderne. Ruiné par les guerres, le féodal cessa de se battre pour son compte, loua ses services et sombra définitivement avec la création des premiers régiments de cavalerie.

L'armure ronde

Après l'armure dite « gothique » évoquée dans le tome Ier, apparut, au début du XVIe siècle, une armure lisse, reflet presque fidèle des modèles de la seconde moitié du siècle précédent à part les tassettes lamellées, les gantelets plus lourds de forme et surtout les solerets arrondis.

Cette armure italienne eut un succès certain, partout ailleurs qu'en Allemagne où existait un modèle très différent au buste bombé.

1. Voir « Gantelets et solerets », page 88.

L'armure de transition

C'est une armure au plastron globuleux, apparue en Allemagne au début du siècle, comme la précédente. La garde des gantelets était coupée droit et les solerets à « pied d'ours » imitaient la chaussure civile, mise à la mode prétend-on par le roi de France Charles VII afin de dissimuler une malformation[1].

Jugée trop peu en rapport avec la mode élaborée de l'époque, cette armure lisse commença très vite à s'orner de cannelures, d'abord limitées à des zigzags sur la poitrine puis étendues à pratiquement toutes ses parties.

LE MORION-CABASSET

Dit aussi « morion espagnol », ce type de casque à bombe en forme de poire avait conservé les bords recourbés du vrai morion et constituait un parfait hybride entre le morion et le cabasset. Ce gracieux casque ne dut jamais connaître une très grande vogue, si l'on en juge par le petit nombre d'exemplaires existant à côté des innombrables morions dont regorgent nos grands musées. — L'ergot était toujours orienté vers l'arrière : en sens contraire il aurait accroché les coups d'armes blanches. Les rivets et les bossettes maintenaient la coiffe intérieure en cuir brut ou en daim. Le porte-plumail était facultatif.

1. Début du XVIe s. — 2. 1580. — 3. À « joues » ou « jouées » formant jugulaire, milieu du XVIe s. — 4 et 5. 1580. — 6. Vers 1600. — 7. 1580. Son décor imite grossièrement celui de la figure suivante. — 8. 1580.

9. Hallebardier avec le morion-cabasset et le « corselet » ou demi-armure de fantassin, 1570. Cet équipement italien de bonne qualité pouvait peser entre 12 et 18 kilos selon son degré de résistance aux balles. Parfois, seul le casque était « à l'épreuve ».

1
2
3
4
5
6
7
8
9
L. & F. Funcken

L'armure maximilienne

Ainsi naquit, peu après 1500, l'armure cannelée allemande caractéristique baptisée du nom du fastueux empereur Maximilien. Appellation quelque peu arbitraire, puisque la plupart des « maximiliennes » ont été exécutées longtemps après son décès survenu en 1519. Mais il est juste de dire que Maximilien donna une puissante impulsion à l'industrie des *Plattner* allemands face à la terrible concurrence italienne.

On a jadis attribué toute bonne armure à l'Italie, puis à l'Allemagne[1]. La vérité est plus nuancée, car si Milan domina la production du XVe au XVIIe siècle grâce à une organisation industrielle de la forge et à une gestion commerciale dignes de nos plus grandes firmes d'aujourd'hui, les ateliers de Nuremberg lui firent une redoutable concurrence durant tout le XVe siècle et jusqu'au milieu du XVIe, époque à laquelle le grand centre bavarois se tourna vers la production industrielle des armures « de munition ». Augsbourg se haussa au plus haut niveau avec la famille Helmschmied et des artistes décorateurs comme Burgkmair et Dürer.

Pour ce qui est de l'armure cannelée, elle fut copiée par l'Italie qui n'entendait pas se laisser ravir la moindre parcelle du marché sans réagir avec vigueur. Abandonnée par Milan vers 1520, elle poursuivit sa carrière jusqu'en 1540 dans son pays d'origine. Nuremberg en fut le centre principal de production, Innsbruck et Augsbourg ne l'égalèrent jamais, du moins sur le plan de la quantité.

1. En 1859, Auguste Demmin fut le premier à restituer aux armuriers allemands la paternité d'œuvres jusque-là considérées comme italiennes, même en Allemagne où ses découvertes furent reçues avec des sarcasmes par les conservateurs. Dix ans plus tard, les convictions du bouillant pionnier s'avérèrent largement fondées et les grands maîtres allemands sortirent de l'oubli. Dans sa foulée, Demmin décréta allemande la majeure partie des armes et armures conservées dans les arsenaux et les musées, limitant la suprématie italienne... aux céramiques et aux mosaïques ! La fameuse armure dite d'Hercule du musée de Dresde, peut-être la plus belle du monde, fut déclarée allemande par ce réformateur alors que, forgée en Suède, elle avait été décorée par un Anversois d'après les dessins du français Delaune (voir page 111).

2. L'armure maximilienne et l'armure à costume laissaient les grèves (armement des tibias) lisses comme les bas portés avec le costume civil, dits « bas-de-chausses ».

L'armure à costume

Parallèlement à l'armure maximilienne dont les cannelures évoquaient déjà les plis stylisés des vêtements, on réalisa, dès le début du siècle, une armure qui reproduisait beaucoup plus fidèlement les pourpoints et les hauts-de-chausses tailladés[2]. Le tissu — damas ou velours — apparaissant dans les « crevés » était imité par d'habiles gravures.

L'évolution de la mode vers des vêtements à manches plus volumineuses rendit impossibles ces imitations. La Waffensammlung de Vienne conserve néanmoins une armure à manches bouffantes énormes, datée de 1520 et signée par le prestigieux Kolmann Helmschmied.

Pour la parade, on portait un armet à visage souvent caricatural, agrémenté parfois de besicles, voire d'une imitation de goutte au nez ! Pour les joutes et la guerre, des casques assortis étaient fournis, pratique d'ailleurs commune à tous les modèles d'armures qui suivirent.

LE CABASSET

1. Gravé, à ergot, fin du XVIe s. Les joues ou jouées en métal articulé sont rarement parvenues jusqu'à nous. Sur les modèles ordinaires se trouvait parfois une simple jugulaire de cuir. L'ergot s'efface à l'arrière, toujours du côté où se trouve le porte-plumail. — 2. Ciselé, à ergot, 1580. — 3. Gravé, à ergot, 1580. — 4. Ciselé, à ergot, fin du XVIe s. — 5. Repoussé, à double ergot, 1580. — 6. Poli, à crête dentelée, 1530. — 7. Repoussé, en cuir et sans ergot, fin du XVIe s. — 8. Repoussé, à ergot, fin du XVIe s. — 9. Poli, sans ergot, première moitié du XVIe s. — 10. Sans ergot, début du XVIIe s. — 11. À demi-crête, début du XVIIe s. — 12. À crête entière, début du XVIIe s.

13. Arquebusier coiffé du cabasset, d'après une gravure de Jacob de Gheyn pour le *Wapenhandelinghe* (Maniement des armes) publié en 1608. Le mouvement reproduit est celui consistant à fixer la mèche sur le serpentin.

1
2
3
4
5
8
6
9
7
10
13
11
12
L. & F. FUNCKEN

Évolution de l'armure

Dans notre premier tome, nous avions présenté cette évolution sous forme de tableau, afin d'éviter des longueurs que rendent d'ailleurs superflues les nombreux exemples donnés par l'illustration. Voici, pour le XVIe siècle, la suite de ce tableau chronologique de l'armure.

	Armure	Casque
vers 1500	Armure de transition « ronde », puis « maximilienne » à cannelures serrées et à grèves lisses caractéristiques. Disparition du soleret pointu. Apparition massive du « miton » en forme de moufle.	Armet du premier type.
vers 1510	Apparition des armures « à costume ».	
vers 1512	Apparition de la protection totale de la saignée par lamelles articulées.	
vers 1515	Apparition de la « demi-armure » par suppression des grèves. Fondation de l'armurerie de Greenwich.	
vers 1520	Abandon de l'armure cannelée en Italie.	L'armet du second type s'ajoute au premier.

ARMURES (I)

1. Armure « ronde », transition entre la « gothique » et la « maximilienne », 1500. L'armet est du premier type (voir la planche consacrée à l'armet). — 2. Prémaximilienne, à mézail à soufflet, 1505. — 3. À visage et à costume, 1510. — 4. Italienne *alla tedesca,* avec une salade-armet à visière à soufflet, 1510. — 5. Italienne « classique », 1510. Dans la grande tradition du XVe s., encore très en faveur à l'époque. — 6. Maximilienne à mézail camus, 1515. — 7. Maximilienne à mézail à soufflet, 1520. C'est un « poids plume » de 18,790 kilos seulement. — 8. Maximilienne, 1520. — 9. À mézail camus et plastron busqué, 1530. Ce plastron « en poitrine d'oie » ou « à bréchet » est typique de l'époque. — 10. Demi-armure à costume, 1530. On distingue l'arrêt de cuirasse posé à gauche, pour un gaucher.

La peinture des cuirasses était pratiquée depuis le XIIe siècle, mais la découverte de la peinture à l'huile, au XIVe, favorisa ce mode de décoration.

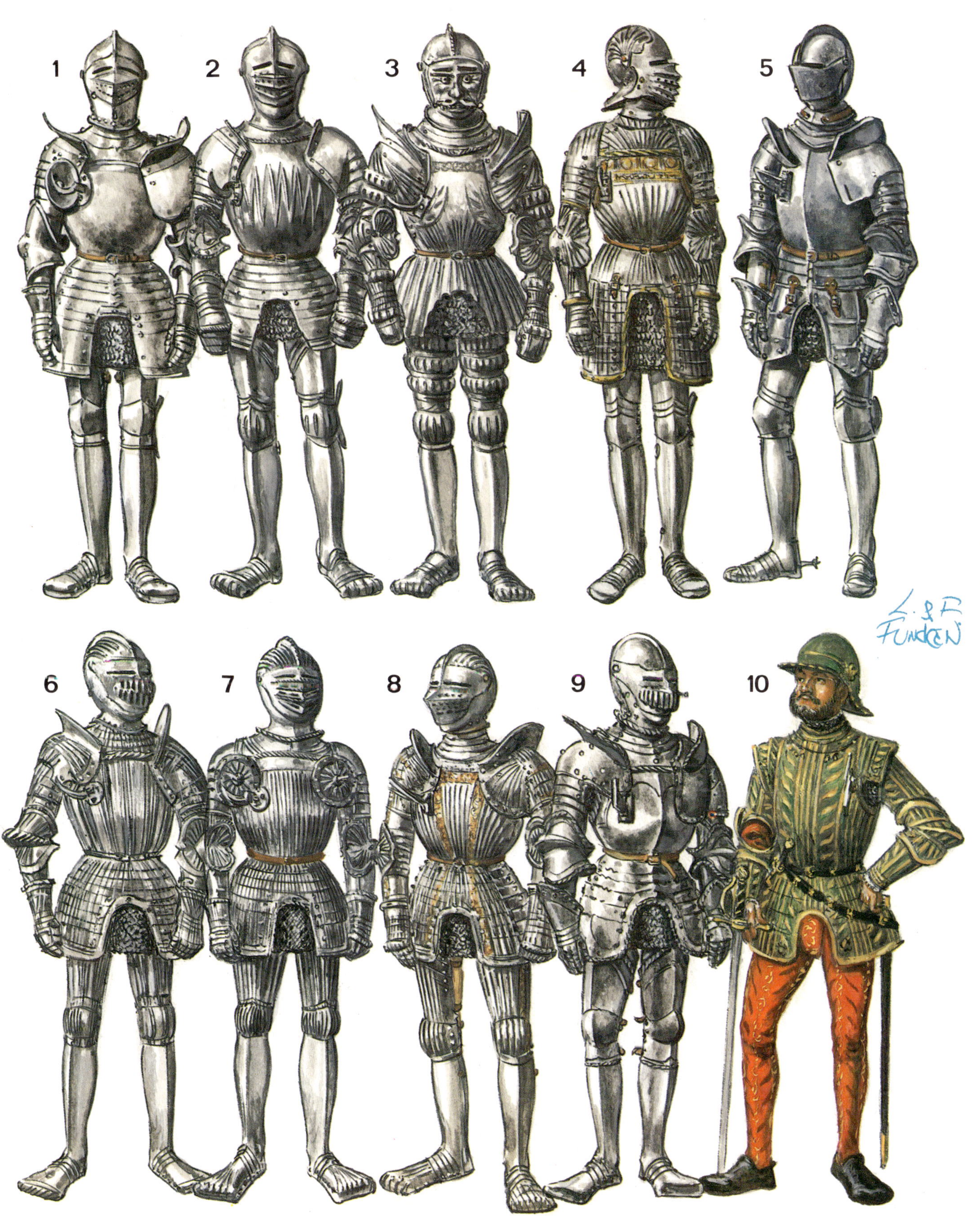
1
2
3
4
5
6
7
8
9
10
L. & F. FUNCKEN

	Armure	Casque
vers 1530	Apparition du busc accentué du plastron, formant « bréchet » ou « poitrine d'oie ». Réapparition du gantelet à doigts articulés pour le tir au pistolet; le miton restera néanmoins en usage. Apparition des armures noircies ou bleuies au feu et des armures italiennes à l'antique.	Apparition de la bourguignotte aux côtés des armets des premier et second types.
vers 1540	Disparition de l'armure cannelée en Allemagne.	
vers 1550	Le busc du plastron s'allonge en « cosse de pois ». Apparition de la cuirasse à tassettes formant cuissards.	
vers 1570	Le busc s'allonge en « panse d'oie » et en bosse de Polichinelle à l'imitation du pourpoint « à la polonaise ». Apparition des armures élisabéthaines de Greenwich.	
vers 1580	Apparition des tassettes arrondies sur les hanches et des tassettes articulées jusqu'aux genoux, disparition quasi totale des cuissards.	
vers 1590	Disparition des armures italiennes à l'antique.	

ARMURES (II)

1. Maximilienne à visage, 1530. Innsbrück, Augsbourg et même Milan produisirent ce type d'armure. Mais c'est Nuremberg qui, de loin, en forgea le plus grand nombre. Complètement abandonnée vers 1540, elle fut cependant encore produite au moins une fois, vers 1557, pour le futur empereur Maximilien II. — 2. À costume, de type espagnol, 1538. — 3. 1540. — 4 et 5. 1550. — 6. 1560. — 7. 1570. L'absence de l'arrêt de cuirasse (voir aussi fig. 10), de plus en plus fréquente, démontre à quel point la lance perdait de son importance. — 8. Avec un armet à vidaille, 1585. — 9. 1595. — 10. 1595. On notera les garnitures en tissu dites « piccadilles » (d'où Piccadilly à Londres), en usage depuis cinquante ans au moins. L'antique vidaille, on le voit, était toujours appréciée.

Les fig. 3 et 9 ont la bourguignotte à masque.

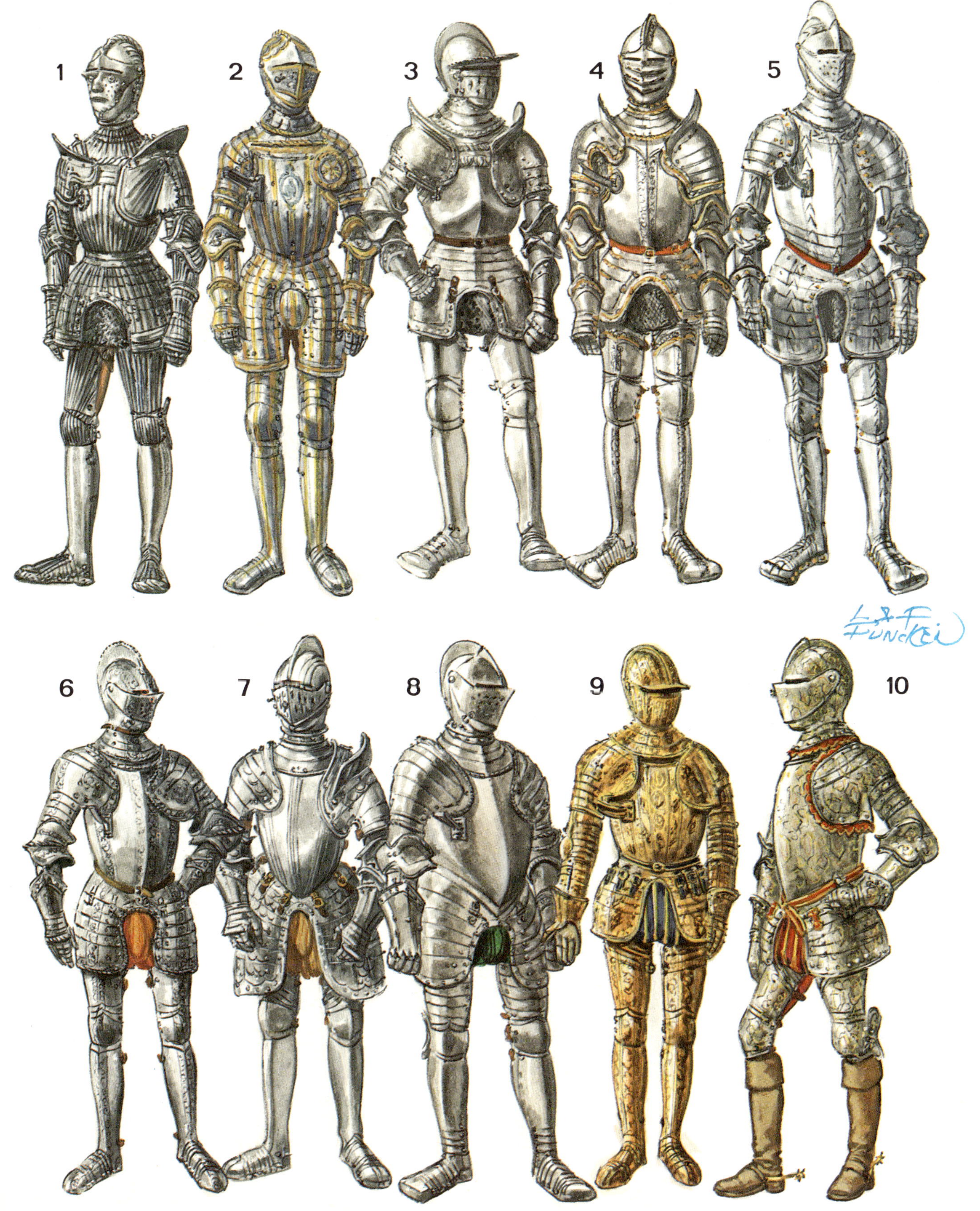
1
2
3
4
5
6
7
8
9
10
L. & F. Funcken

Il faut noter que les modèles dernier cri, aux caractéristiques bien définies, laissèrent subsister une multitude infiniment variée d'armures souvent âgées de deux ou trois décades, qui continuèrent d'être portées par un souci légitime d'économie.

L'armure classique

Après les armures typiques du début du XVIe siècle, que nous avons évoquées plus haut, on en revint à des réalisations conventionnelles ornées de bandes de gravures de plus en plus larges.

Relativement sommaires sur les armures ordinaires et gravés à l'acide, les décors atteignirent souvent les sommets de l'art. Habiles graveurs, les Allemands n'égalèrent jamais les maîtres italiens du repoussé. Ils réalisèrent toutefois, vers la fin du siècle, de très remarquables armures de luxe, imités dans le même domaine par des artisans français qui travaillaient pour le roi Henri II, probablement le plus grand collectionneur d'armures de tous les temps!

Le décor des armures

Dès son apparition, l'armure complète avait vu la surface lisse de sa pansière s'orner d'emblèmes et de blasons peints à l'aide de vernis de différentes couleurs, puis plus tard, dès la fin du XIVe siècle, avec des couleurs à l'huile. La fragilité de ces ornements conduisit très vite à les remplacer par des motifs gravés au burin, parfaitement inaltérables, consistant en symboles chrétiens et en séries d'initiales généralement aussi obscures que celles des lames d'épées, qui barraient le sommet de la poitrine.

Les armures gothiques allemandes à puissantes nervures conservèrent des gravures relativement sommaires, tandis que l'Italie, par opposition au style aigu et athlétique de sa grande concurrente, développait ses armures rondes et sculpturales dépouillées du moindre ornement.

Au XVIe siècle, le puissant courant de la Renaissance appliqua à l'armure toutes les ressources de ses créations artistiques. L'armure à costume s'orna de bandes décoratives ajourées laissant apercevoir le riche tissu sous-jacent; c'était une des premières applications de la ciselure sur argent doré au feu.

Gravure, ciselure, niellure, damasquinage et repoussé

Ces cinq techniques sont souvent confondues, particulièrement la ciselure et le repoussé.

La gravure

C'était le procédé le plus simple et le plus ancien, emprunté aux graveurs d'estampes du siècle précédent. L'artisan dessinait son sujet à l'aide d'un grattoir sur la surface préalablement laquée de la pièce à décorer. Le métal mis ainsi à nu était attaqué ensuite à l'acide et donnait un dessin en creux. Afin de faire ressortir le décor obtenu, on remplissait les sillons d'un vernis qui, après un traitement au feu, apparaissait en noir sur le fond poli de l'armure.

ARMURES (III)

Armure de parade du roi de Suède Éric XIV, vers 1565. Le cheval est protégé par un jeu de bardes à « jupe » ou à « tonnelle » complet : chanfrein (sur la tête), encreignière, picière (sur la poitrine), croupière et flançois (sur les flancs).

Le décor de l'armure, extrêmement riche, représente six scènes de la guerre de Troie et de la légende des Argonautes; celui des bardes du cheval, quatorze scènes des travaux d'Hercule. La décoration fut exécutée par l'Anversois Eliseus Libaerts d'après les dessins de l'Orléanais Étienne Delaune, dont les « petits ornements », très prisés, furent largement utilisés pour beaucoup d'autres armures de grand luxe.

Détail piquant, Éric XIV ne reçut jamais sa splendide armure — la plus belle du genre jamais exécutée, à notre avis. Interceptée par l'ennemi d'Éric, le roi de Danemark, elle fut revendue en 1603 à l'electeur de Saxe Christian II.

L & F
FUNCKEN

Il est évident que le résultat final dépendait de l'art du graveur et pouvait aller du plus banal décor jusqu'aux scènes à personnages les plus compliquées. En soulignant les contours d'or ou d'argent, sur un fond d'acier bleui, on obtenait des pièces particulièrement attrayantes. Très pratiquée en Allemagne, cette technique y était connue sous le nom de *Goldschmelz* (de *Gold,* or, et *Schmelz*, émail).

La gravure à l'acide pouvait se faire par la peinture du motif à la laque, en négatif, c'est-à-dire en couvrant complètement le sujet afin de creuser son pourtour et de le dégager ainsi du fond seul attaqué à l'acide. Le résultat obtenu pouvait tromper à distance mais, vus de près, les contours présentaient des bavures révélatrices. Il était bien sûr possible de retoucher ces imperfections au burin mais le travail exigeait alors de longues heures et l'intervention d'un graveur... d'où une augmentation du coût incompatible avec le but poursuivi. Il nous semble par contre certain que cette technique était utilisée comme base des gravures très poussées des armures de bonne qualité, notamment celles des protestants allemands des environs de 1560, ornées de scènes extrêmement fouillées qui semblent « flotter » sur un fond noirci.

Le damasquinage

C'est l'incrustation de petits filets d'or ou d'argent dans l'acier.

Le travail préparatoire consistait à graver le dessin dans le métal recuit par une chauffe au bleu. La rigole devait avoir les deux tiers du diamètre du fil que l'on se disposait à y incruster au ciseau. Le fil de métal précieux était enfoncé au matoir, un outil destiné à mater l'or ou l'argent, à l'incruster solidement. Le polissage se faisait à la lime douce afin d'égaliser le décor obtenu, de l'aplanir au niveau de l'acier. Cet art ne fut introduit en France qu'au cours du XVIe siècle.

Le damasquinage pouvait également s'opérer en haut-relief, pour un prix prohibitif, on l'imagine ! Les protubérances de métal précieux étaient livrées alors au ciseleur qui les travaillait, les sculptait littéralement, donnant un décor en relief au lieu de celui, tout à fait plat, arasé, du damasquinage courant.

La ciselure

Cet art extrêmement difficile fut poussé à son plus haut niveau par les sculpteurs italiens. Benvenuto Cellini n'a jamais été surpassé dans ce domaine.

Les tours de main, les trucs devaient exister par centaines, jalousement gardés par ces prodigieux artisans. Nous subodorons néanmoins plus d'un subterfuge, plus ou moins avouable, derrière cette authentique virtuosité : le moulage et la fonte à la cire perdue devaient certainement intervenir pour une large part dans la confection de bien des œuvres stupéfiantes !

ARMURES (IV)

1. 1500. — 2. Louis XII, à son entrée dans Gênes, en 1507. Malgré la devise REX NON UTITUR ACULEO (Le roi n'a pas d'aiguillon), le « Père du peuple » se livra en Italie aux pires atrocités. On trouvera ses véritables armoiries plus loin. Le cheval a la crinière entièrement rasée et les oreilles raccourcies afin de lui donner un air effrayant; pratique déjà en usage sous Charles VIII, à la fin du siècle précédent.

3. Armure de style maximilien, 1510. — 4. Gendarme français, 1510. Les bardes du cheval étaient probablement en cuir bouilli, à la mode italienne. Idem pour la fig. 2. Le célèbre chevalier Bayard devait offrir une semblable apparence. — 5. 1514. — 6. 1532. Le casque est une bourguignotte à masque. — 7. 1537. — 8. 1539. — 9. 1540. Avec le garde-queue protégeant le sacrum, particulièrement visible ici, ainsi qu'à la fig. 11. Cette figure et les deux suivantes portaient la bourguignotte au combat. — 10. 1545. La croupière est remplacée par des courroies renforcées de « fichures ». — 11. 1545. Avec les fichures comme la fig. 10. — 12. 1560.

Quoique les bardes aient commencé à se réduire au chanfrein et à l'écusson de poitrail dès 1550, leur usage se perpétua jusque sous Louis XIII, lequel entra à La Rochelle, en 1628, en armure complète avec des bardes fort semblables à celles de la fig. 1. — On notera l'emploi persistant de l'armet à vidaille (voir tome Ier, pp. 41 et 43), porté par les fig. 5 et 12.

Tous nos chevaux marchent, mais les six derniers sont des ambleurs, pratiquant l'allure dite amble, beaucoup moins fatigante pour le cavalier (voir le tome Ier, p. 87, fig. 2).

1
2
3
4
5
6
7
8
9
10
11
12
L. & F. FUNCKEN

La niellure

Ce mode de décoration consiste à incruster à chaud de petits filets d'un émail noir fait de galène, sulfure naturel de plomb. De nombreuses imitations de niellé, émaillées à froid dans les tons noir, rouge et blanc, furent largement utilisées.

La dorure

S'il y eut des armures en argent massif, on se contenta de plaquer d'or les plus belles, de les dorer à la feuille ou tout simplement de les dorer au pinceau à l'or moulu.

Le damas

Souvent confondu avec le damasquinage, le damas était un acier exclusivement fabriqué en Orient, fournissant des armes alliant la souplesse à une dureté extraordinaire et présentant des dessins moirés de tons variés. Ces armes se disaient « damassées ».

Le repoussé

Cette technique, souvent confondue avec la ciselure, consistait à obtenir un motif en relief par martelage. Ce procédé dans lequel excellèrent les Italiens s'accompagnait souvent de damasquinures et se terminait au ciselet.

Les grandes lignes du décor

1510 à 1530 : Armure à costume à bandes ciselées et ajourées. Les cannelures s'accompagnent de motifs gravés.

1550 : Premières armures repoussées d'Augsbourg.

BAUDRIERS

Au Moyen Âge, le baudrier partait de la hanche droite, en oblique sur la cuisse gauche.

1 et 2. Milieu du XIIe s. — 3 et 4. Fin du XIIe s. — 5 et 6. Début du XIIIe s. — 7. 1250. — 8 et 9. 1277. — 10. 1280 (voir note ci-dessous). — 11. Fin du XIIIe s. — 12. Seconde moitié du XIIIe s. — 13 et 14. 1300. — 15-17. 1320. — 18. 1325. — 19 et 20. 1327. — 21. 1360. — 22. 1380. — 23. 1400. — 24. 1410. — 25. 1420. — 26. 1467. — 27. 1472. — 28. 1499. — 29. 1490. — 30. XVe s. — 31. 1500. — 32-34. 1530. — 35 et 36. 1560. — 37. 1578. — 38 et 39. 1580. — 40. 1585. — 41. 1587. — 42 et 43. 1590. — 44 et 45. 1600.

Les fig. 5, 7, 8, 9, 12, 14, 15, 16, 19, 20 et 21 sont dotées d'un évasement de l'orifice du fourreau nommé la chape. Contre l'intrusion de la pluie, on utilisait parfois le chapeau d'épée ou capule (fig. 10 et 18). L'ornement placé en haut du fourreau s'appelait un coipel : voir les fig. 9, 16, 18, 19 et 20. Les courroies rattachant le fourreau au ceinturon des fig. 22, 23, 24, 26, 27, 28, 29, 31 et 34 ainsi que les chaînettes de la fig. 30 se nommaient échalles, mais devenaient « pendant d'épée » pour les figures suivantes.

ÉTENDARDS ET CAVALERIE AU XVIe SIÈCLE
(pages 116-117)

1. Henri II, roi de France, en capitaine de chevau-légers vers 1550. — 2. Charles Quint en demi-armure, 1547. — 3. Trompette, vers 1580. Les couleurs du costume reproduisaient la livrée du capitaine et variaient donc à l'infini. — 4. Armure de la seconde moitié du XVIe s. — 5. Armure de 1580.

Étendards : 6. De Louis XII (1498-1515). — 7. D'Ivan le Terrible (1533-1584). — 8. De Charles Quint, empereur à partir de 1519. — 9. Du même, alors qu'il n'était que Charles Ier, roi d'Espagne (1516). — 10. Grand étendard d'Espagne au XVIe s., avec le château de Castille, le lion rouge de Léon, l'aigle noir de Sicile et les rayures de l'Aragon, l'aigle rouge du Tyrol et les armoiries de Bourgogne. — 11. Du duché héréditaire prussien de Pologne, vers 1600, avec l'aigle prussien et l'aigle polonais (l'aigle de Prusse au revers). — 12. De cavalerie allemande (Palatinat-Deux-Ponts), 1569. — 13. Huguenot pendant les guerres de religion, 1562. — 14. Du pape Jules II, célèbre pour ses luttes contre les Vénitiens et les Français (1445-1513).

1
2
3
4
5
6
7
8
9
10
11
12
13
14
15
16
17
18
19
20
21
22
23
24
25
26
27
28
29
30
31
32
33
34
35
36
37
38
39
40
41
42
43
44
45

6
7
3
1

8
9
10
11
12
13
14
4
5
2
PLUS
OULTRE

1555 : Les décors flottants, exubérants, apparaissent en Allemagne.

Décoration en rubans multicolores émaillés du style des tapis orientaux, en faveur en Pologne, en Lituanie et en Hongrie.

Les bandes verticales gravées ou damasquinées sont remplacées peu à peu par des bandes entrelacées.

1560 à 1570 : En France apparaissent les bandes étroites en diagonale imitant le tisssu guilloché.

1575 : L'Italie introduit les bandes verticales et les motifs décoratifs alternés.

1580 : Le repoussé et le damasquinage atteignent le summum en Italie.

1600 : Milan introduit le décor en larges médaillons ovales. Apparition des méthodes mécaniques de gravure et de repoussé.

Un curieux détail relatif au rangement de certaines de ces splendeurs : on avait coutume, au milieu du XVIe siècle, de disposer les armures sur des mannequins, dans l'armurerie. Certains souverains, tel Philippe d'Espagne, faisaient reproduire leur tête de façon très ressemblante en argent moulé et peint au naturel à l'huile. Ces têtes sont très rares aujourd'hui.

La perte des armures

Le nombre des armures conservées dans les musées et les collections est considérable, bien qu'il s'agisse surtout de pièces du XVIe siècle. Mais il est évident qu'une énorme quantité de ces harnois a disparu à jamais. Les raisons de ce phénomène sont plus nombreuses que le travail inexorable du temps, de la rouille ou des guerres.

Le mépris de nos ancêtres pour les harnois démodés est certes désolant pour nous, mais il est parfaitement compréhensible. Ils récupéraient le fer et fabriquaient couramment des boucliers découpés dans les pansières. Autrement affligeantes sont les destructions volontaires opérées par les profanateurs des guerres de religion et, plus près de nous, de la révolution française[1], qui jetèrent à la ferraille des armures souvent très bien conservées ayant eu le seul tort de revêtir un membre de la classe exécrée. Des fils vendirent à vil prix des cabinets d'armes magnifiques, comme celui du maréchal Strozzi en 1558 : Brantôme assista « le deuil au cœur » à la dispersion de cette collection au dixième de sa valeur.

Plus près de nous, au début du siècle dernier, les armures étaient souvent prêtées à des artistes peintres ou à des metteurs en scène. À Londres, on puisa même dans ce qui était somme toute un arsenal[2] des cuirasses du XVIIe siècle pour en équiper les Royal Horse Guards en 1821 ; les hallebardiers de l'escorte du lord-maire portèrent jusqu'en 1877 des reliques empruntées à la Tour, et ce n'est qu'en 1947 que l'on récupéra les « jambes » de l'armure de combat à pied du roi Henri VIII, chef-d'œuvre de Missaglia — oubliées dans un château du Lincolnshire !

1. Si les noms des maîtres armuriers de France nous sont inconnus, c'est parce que les révolutionnaires détruisirent intégralement les précieuses archives qui en faisaient mention.
2. La Tour de Londres.

OFFICIERS DE LA FIN DU XVIe SIÈCLE

1. Henri duc de Guise, général d'infanterie, 1580. — 2. François de Montmorency, maréchal de France, 1576. — On notera l'arête médiane du plastron se terminant en pointe accentuée vers le bas à l'imitation du pourpoint civil (fig. 2). Cette pointe va évoluer jusqu'à ressembler à une bosse d'arlequin (fig. 1). On la nommait « cosse de pois » en France et *Gansbauch* (panse d'oie) en Allemagne. On notera aussi l'absence des canons d'avant-bras et des cubitières sur l'armure de la fig. 1.

3. Général d'armée, 1580. Le terme « général » n'apparut pour la première fois que sous la plume de Brantôme (1540-1614). Portée par les hommes depuis 1576, la fraise prit sous Henri III des dimensions imposantes, comme celle de ce général, dite irrévérencieusement « plateau de saint Jean » par allusion au martyr décapité. — 4. Officier d'infanterie et son page, 1572. — 5. Officier d'infanterie, 1580. — 6. Officier d'infanterie, 1590.

7. Étendard de Charles IX (1560-1574). — 8. Étendard de Henri III (1574-1589). — 9. Étendard de Henri IV (1589-1610).

8
9
7
3
1
2
5
4
6
MANET VLTIMA COELO
DVO
CIT
VNVS

L'écharpe

Après la cotte d'armes armoriée ou frappée d'une croix de la couleur choisie par chaque grande nation, après le hoqueton, le surcot, le tabard et la mandille, on vit apparaître un signe de reconnaissance plus simple : l'écharpe, qui ne dissimulait plus le décor des armures. Elle était blanche ou noire en France, selon qu'il s'agissait du parti catholique ou de son adversaire protestant, parfois encore verte ou isabelle; bleue chez les Anglais et les Savoyards, rouge en Espagne, noire et jaune en Autriche et orange en Hollande.

L'écharpe fut, dit-on, adoptée parce qu'elle empêchait les hommes d'armes de dissimuler l'absence de pièces de cuirasse dont ils avaient tendance à se débarrasser. C'est un évident sophisme, une idée fréquemment citée que nous ne partageons absolument pas.

On a abondamment évoqué le jugement de La Noue[1], brave capitaine et brave homme, selon lequel les gentilshommes avaient « si fort passé mesure que la plupart se sont chargés d'enclumes au lieu de se couvrir d'armures ». En serait-il de La Noue comme de Clausewitz que l'on cite le plus souvent sans l'avoir jamais lu ?[2] Le mémorialiste écrit textuellement dans le quinzième de ses *Discours politiques et militaires* : « Or ils ont eu bonne raison, à cause de la violence des arquebuses et piques, de rendre les harnois plus massifs et à meilleure épreuve qu'auparavant. Ils ont toutefois si fort passé mesure... », etc.

1. François de La Noue (1531-1591), dit Bras de Fer, adhéra à la Réforme à l'âge de vingt-sept ans et combattit dans les troupes de Condé où il acquit le surnom de « Bayard huguenot » pour sa magnanimité. Amputé de la main gauche en 1570 à la suite d'un coup d'arquebuse, il porta une prothèse articulée; c'est elle qui causa sa mort en se détachant alors qu'étourdi par une autre arquebusade il se cramponnait au sommet d'une échelle de siège! À travers les bouleversements politiques de son temps, La Noue suivit Henri II, Charles IX, Henri de Navarre, Henri III qui le fit maréchal de France, puis, enfin, Henri IV. Capturé et emprisonné par les Espagnols en 1579, il mit à profit cinq années de dure captivité pour écrire dans un style vif la majeure partie de ses *Discours,* qui constituent un des monuments les plus précieux de la langue française du XVIe siècle.

2. On attribue souvent les propos de La Noue au R.P. Daniel qui les a repris à son compte dans son *Histoire de la milice française* parue en 1724.

Voilà qui démontre bien le souci justifié qu'avaient les combattants de se couvrir et non de s'exposer, sous des prétextes de bien-être, à une mort certaine. Il faut encore ajouter que les très rares armures d'un poids de quarante à cinquante kilos qui soient parvenues jusqu'à nous sont des armures de siège, véritables blockhaus destinés à préserver de grands personnages désireux de « visiter la tranchée ».

L'armure ne sera écartée que sous Louis XIII, lorsqu'on aura enfin admis la faillite définitive de la cuirasse face à la balle de plus en plus puissante.

ARMURES DU XVIe SIÈCLE

1. Armure de Henri II, vers 1545. On notera les grèves allégées couvrant les tibias, pratique courante et logique avec les cuissots en écrevisse. Henri II fut un amateur passionné d'armures de luxe. Celle-ci est articulée au-dessus de la taille, à la façon des « animes » ou plastrons entièrement lamellés dont la flexibilité prétendue se limitait toutefois à la même zone abdominale. — 2. Armure italienne du milieu du XVIe s., avec sa bourguignotte assortie à « bavière » ou à « masque » semblable à celle de la fig. 1. Un armet classique était fourni « en option ». — 3. Armure du duc de Cumberland, vers 1590. Le lys et la rose évoquent Élisabeth Ire dont Cumberland était le « champion ». — 4. Le roi Henri IV en 1596. Le feutre haut de forme était la coiffure virile par excellence. Le panache était le seul luxe des chefs militaires des guerres de religion; certains généraux n'en possédaient même pas. — 5. Capitaine de la garde à pied des Enfants d'honneur, 1596. Ce corps était composé des anciens pages élevés avec le prince. — 6. Armure italienne des environs de 1600 avec son casque typique dit « à la savoyarde ». À terre, un autre modèle d'armet savoyard à visage de la même époque. Ces armements équipaient les troupes de Charles-Emmanuel de Savoie défaites devant Genève en 1602.

La plupart des armures ordinaires n'étaient plus polies. On les recouvrait d'un vernis brun ou noir qui dispensait d'un perpétuel entretien.

1
2
3
4
5
6

CINQUIÈME PARTIE

LA TACTIQUE ET L'ARTILLERIE

La tactique

Le chevalier avait peu à peu perfectionné sa tactique élémentaire : la charge massive combinant le choc de la lance et la vitesse de la course. Nous avons vu à quel point son armement offensif et défensif s'était peu à peu alourdi.

L'infanterie n'avait qu'un rôle très secondaire avec ses « péquins » — les piquiers — et ses gens de trait; on l'utilisait principalement pour inquiéter les flancs de l'ennemi ou pour former une ligne derrière laquelle les chevaliers se reformaient après la charge. Seuls les Anglais avaient su apprécier les possibilités d'une solide infanterie. Sur le continent, la brillante victoire de l'action conjuguée de la cavalerie et de l'infanterie à Woeringen[1] n'avait rien changé à l'attitude méprisante des féodaux, particulièrement en France, où la guerre restait une affaire de chevalerie et ne donnait à la piétaille des communes que des prétextes à revendiquer de plus en plus de privilèges pour services rendus.

Le chevalier médiéval instaura la pratique humanitaire de la rançon, véritable fléau pour la tactique sommaire jusque-là pratiquée, car dès lors, le chevalier et sa « lance » quittèrent la bannière pour courir à la capture de l'ennemi le mieux paré. Malheur à l'adversaire blessé et non rançonnable!

Jeanne d'Arc elle-même ne pourra arrêter la tuerie et l'on achèvera impitoyablement le prisonnier anglais qu'elle tentait de protéger. La cruauté et la cupidité n'étaient pas le fait d'une classe sociale particulière : la piétaille était souvent la première à se débander pour piller le camp ennemi et à participer aux massacres, aux incendies qui émaillèrent la guerre de Cent Ans.

Cette infanterie allait pourtant parvenir à tenir tête et à vaincre la cavalerie jusque-là omnipotente. Le communier d'abord, puis l'archer anglais de Crécy, de Poitiers et d'Azincourt[2], le Suisse enfin, forcèrent à ce point le respect de leurs orgueilleux adversaires que ceux-ci tentèrent de les vaincre en mettant pied à terre et en raccourcissant leurs lances; étrange infanterie en vérité que ces chevaliers encombrés de leur armure complète!

En Bohême, les troupes hussites de Zizka[3] inauguraient au même moment la tactique de l'obstacle

1. Voir le tome Ier, page 82.
2. Voir le tome Ier, pages 114 et 124.
3. Jean de Troknov, dit Zizka (le borgne) — 1380-1424 — prit le commandement de la secte des taborites soulevée contre l'autorité de l'Église romaine après le martyre de Jean Huss. Avant de mourir de la peste, Zizka ordonna de faire un tambour de sa peau et le grand Frédéric II passa pour l'avoir recueilli « parmi les dépouilles emportées de Bohême ». Voltaire écrivit à son illustre protecteur, le 16 novembre 1743 :

« Est-il vrai que dans votre cour,
Vous avez placé, cet automne,
Dans les meubles de la Couronne,
La peau de ce fameux tambour
Que Zizka fit de sa personne?... »

Ce tambour a été représenté dans les *Epistolae itinerariae* de Bruckmann. Pour surprenant qu'il paraisse, ce procédé macabre et barbare n'était pas exceptionnel. Le symbole du calice frappant les étendards (voir le tome Ier, page 143, fig. 5 et 6) valut aux taborites le surnom de « soldats du calice ».

TACTIQUE (I)

1a. Formation ancienne (fin du XVe, début du XVIe s.) réunissant quatre types de combattants (voir ci-dessous les figurines et leur couleur de code). — 1b. « Bataille » en défense contre une attaque sur son aile droite. Cette formation représentait 180 arquebusiers, 190 archers, 342 piquiers et 294 hallebardiers. — 2a. Formation « nouvelle » à deux types de combattants (324 arquebusiers et 1.108 piquiers). La « bataille » est en ordre de mouvement pendant le combat. — 2b. Déploiement en ordre de bataille statique. On exécutait les manœuvres inverses pour se remettre en ordre de mouvement. — 3. Types de combattants du début du XVIe s. avec leurs socle de la couleur conventionnelle se rapportant aux schémas 1, 2 et 4 : a. arquebusier; b. archer ou arbalétrier; c. piquier avec la pique de 18 pieds (5,85 m) de long; d. hallebardier. Le joueur d'épée à deux mains, facultatif et en minorité, n'est pas représenté ici. Il se tenait au sein des hallebardiers (voir la planche suivante). — 4. Une « bataille » de six compagnies au combat. Quatre compagnies de piquiers (420 hommes) et deux compagnies d'arquebusiers (210 hommes). a. en ordre de marche en échelons; b. en ordre de bataille; c. en défense contre l'enveloppement.

1a
1b
2a
2b
3
a
b
c
d
L. & F. FUNCKEN
4
a
b
c

constitué par des chariots-fortins[1] disposés en carrés pour la bataille. Les charges de chevaliers de cinq croisades successives s'y brisèrent vainement; foudroyés par les canons à main, les agresseurs étaient ensuite attaqués au corps à corps par l'infanterie jaillie de ses abris. Les successeurs de Zizka, les frères Procope, poursuivirent la guerre pendant dix ans, une guerre totale des deux côtés, en chantant l'hymne écrit par leur chef, un des plus beaux chants bohémiens du XVe siècle qui commençait par « Vous, champions, qui maintenez les éternelles lois de Dieu... » mais n'empêcha pas le massacre de quinze mille religieux et la destruction de six cents édifices catholiques romains en dix ans!

Le système du chariot fut d'ailleurs adopté en Allemagne, parfois en suspendant tout simplement une planche épaisse percée de meurtrières entre les quatre roues. L'accroissement rapide de l'artillerie fit abandonner le *Wagenburg* vers 1560.

En France, en 1513, un ingénieur imagina un camp retranché en pièces détachées s'unissant par des gonds, armé d'une centaine d'arquebuses à croc, mais le coût trop élevé et la lenteur du montage firent repousser ce projet.

C'est la tactique des Suisses où seule comptait l'offensive qui prévalut — nous avons vu son efficacité[2]. Avant eux, en France, un seul capitaine avait utilisé à plein son infanterie, il se nommait du Guesclin et menait une guerre « bonne et rude » dont les méthodes étaient cependant loin d'être appréciées par ses frères en chevalerie[3]. Le têtu Breton fit bien quelques émules, tels Poton de Xaintrailles, La Hire et Dunois, mais après sa mort, l'art militaire français ne fit que décliner et l'armée n'osa même plus affronter les Anglais en « bataille publique ».

Surgissant sur les champs de bataille, la première artillerie de campagne française bouleversa la stratégie jusque-là triomphante de l'envahisseur. On désorganisait le front ennemi par une violente préparation d'artillerie, on y ouvrait une brèche dans laquelle s'engouffraient fantassins et cavaliers. « Ce n'est plus la guerre ! » protestèrent les chevaliers du défunt Henri V. Le canon introduisait une tactique nouvelle; s'il ne constituait encore qu'une arme d'appoint, sa réputation ne cessait de grandir et faisait de l'armée française envahissant l'Italie avec Charles VIII un « objet de terreur ».

La noblesse continuait à combattre à cheval, symbole de sa dignité, mais l'infanterie régulière, nationale, se développait partout à l'image des Suisses, adoptant la meurtrière arquebuse et anéantissant, sans souci des règles et des convenances anciennes, une gendarmerie dont le choc devenait de jour en jour plus aléatoire. Signe révélateur de sa promotion, le fantassin n'est plus désigné par les vocables méprisants de laquais, de rustre ou de brigand; on l'appelle désormais soldat.

En Espagne apparaît le *tercio*. Le mot vient des trois mille hommes de l'effectif initial ou des trois *coronelias*[4] formant le carré tactique, peut-être encore des trois spécialités d'armes : piquiers, rondachiers, arquebusiers. Ces régiments seront l'instrument de la prépondérance espagnole en Europe jusqu'au milieu du XVIIe siècle.

TACTIQUE (II)

1. Tactique des piquiers contre la cavalerie. C'est l'infanterie suisse qui adopta la première la longue pique capable de briser les charges de la cavalerie cuirassée. Les chevaux seuls étaient visés par les piques, tandis que les cavaliers désarçonnés étaient attaqués par les hallebardiers intervenant en un second temps. — 2. Tactique du joueur d'épée et des hallebardiers. Les Suisses excellaient dans la charge en masse contre l'infanterie ennemie immobile. Les piques étant quasiment inutilisables après le premier choc à cause de leur longueur, on faisait aussitôt intervenir les joueurs d'épée et les hallebardiers qui passaient entre les piques pour abattre les premiers rangs des piquiers adverses et semer ainsi la panique dans la « bataille » de l'ennemi. — 3. Tactique des arquebusiers. Une file de douze hommes fournissait un tir ininterrompu : a tire et b se prépare à prendre sa place; a passe en queue de la file pour recharger, b prend la place de a et tire, tandis que les dix arquebusiers suivants avancent d'une place. Les autres files de la compagnie effectuaient simultanément les mêmes mouvements. — 4. Ordre de bataille triangulaire adopté par un corps isolé ignorant la direction de l'attaque ennemie.

1. Les hussites en possédèrent jusqu'à cinq cents en 1426.
2. Voir le chapitre des Suisses, page 10.
3. Voir le tome Ier, page 64, lég. 7.
4. *Coronelias* (de *coronel*, colonel) : ensemble de douze compagnies.

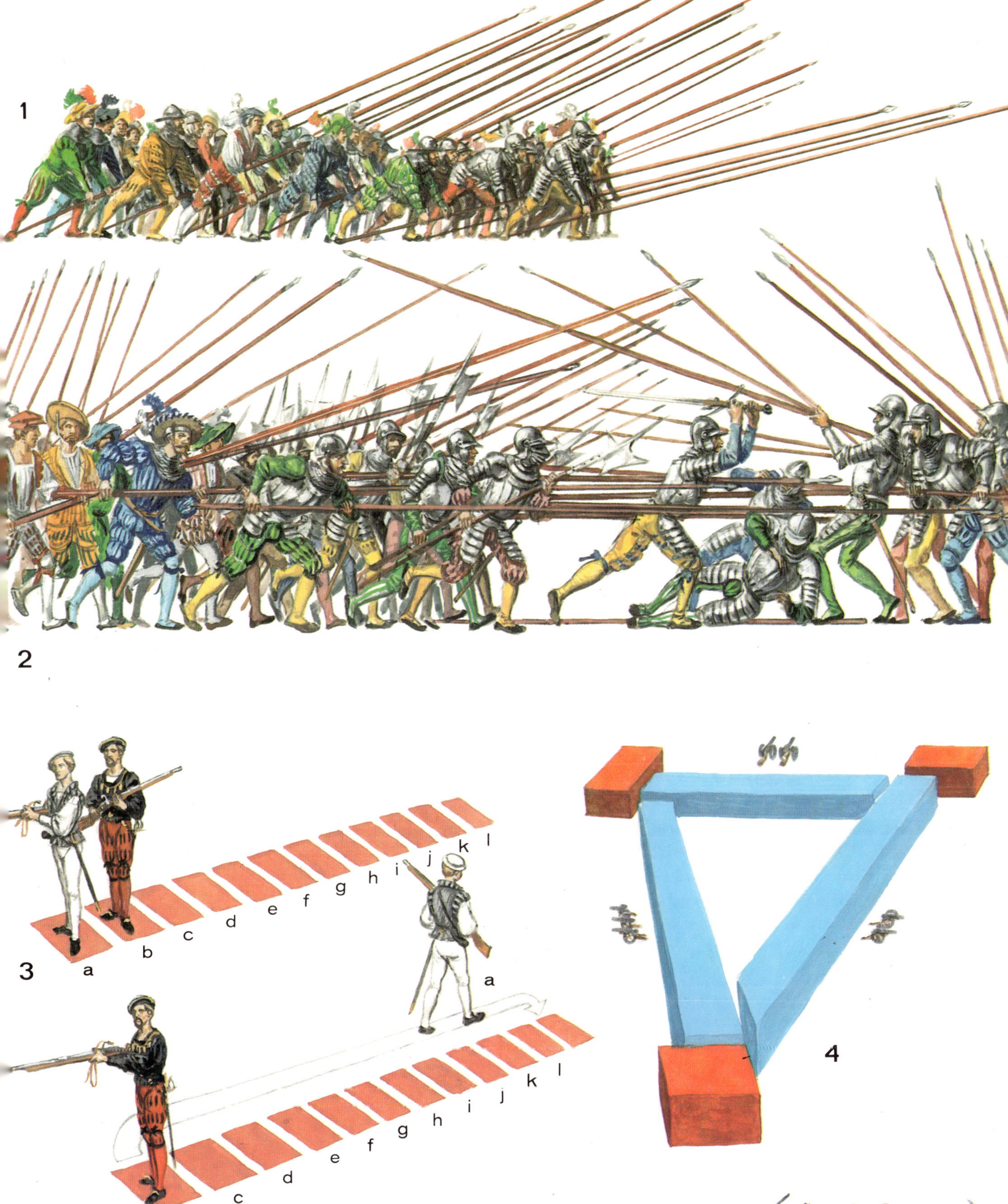
1
2
3
a
b
c
d
e
f
g
h
i
j
k
l
a
b
c
d
e
f
g
h
i
j
k
l
4
L. & F. FUNCKEN

Brantôme nous a laissé une description particulièrement vivante des tout nouveaux « mousquetaires » de 1567 : « ... ceux qui les portaient (les mousquets) les nommait-on mousquetaires, très bien appointés et respectés jusqu'à avoir de grands et forts goujats qui les leur portaient en cheminant par pays; mais quand ce venait en une faction, ou marchant en bataille, ou entrant en garde ou quelque ville les prenaient. Et eussiez dit que c'étaient des princes tant ils étaient rogues et marchaient arrogamment et de belle grâce; et lors de quelque combat ou escarmouche vous eussiez ouï crier ces mots par grand respect : Salgan, salgan los mosqueteros! afuera, afuera, adelante los mosqueteros! Soudain on leur faisait place et étaient respectés voire plus que capitaine pour lors, à cause de leur nouveauté ainsi que toute nouveauté plaît. »

Le carré ou le rectangle formant le « hérisson » comptait parfois jusqu'à huit mille hommes, parmi lesquels les arquebusiers étaient de plus en plus nombreux. Ils étaient rompus à une discipline qui leur permettait de conjuguer leurs mouvements et leur action avec celle des bataillons voisins. La stratégie consistait le plus souvent en manœuvres, en longues heures d'observation. Les grandes batailles seront ra-

TACTIQUE (III)

1. « Bataille » en formation d'assaut. Elle pouvait attaquer tout en se défendant de tous côtés en formant un véritable hérisson. Étendue à toute l'Europe, la tactique militaire des Suisses fut appliquée avec plus ou moins de succès, dès la fin du XVe s. Au XVIe s., l'infanterie espagnole acquit une extraordinaire réputation de bravoure et de discipline. (Les couleurs indiquent les spécialités. Rouge : arquebusiers; jaune : hallebardiers; bleu : piquiers.) — 2. Un *tercio* espagnol (ce terme fut étendu en 1602 aux régiments des Pays-Bas au service de l'Espagne) en ordre de marche. C'est un de « ces gros bataillons serrés, qui étaient semblables à autant de tours, mais à des tours qui savaient réparer leurs brèches », ainsi que devait le dire un peu plus tard le grand Bossuet.

3. Une « lance » des bandes d'ordonnance en 1545 : A. le gendarme ou chef de lance; B. l'écuyer (facultatif), qui porte une cuirasse articulée dite « anime »; C. le page; D. le coustilier; E. les trois archers (parfois deux). Les dénominations de coustilier et d'archer, fort anciennes, désignait en fait un homme d'armes et un chevau-léger. Les casques et les bardes des chevaux étaient portés pendant les marches par des chevaux de bât. Le personnel à pied avait été supprimé en 1506. En 1522, Charles Quint fixa l'effectif de cette gendarmerie à 8 compagnies de 50 « lances » chacune. Porté à 19 en 1545, le nombre de compagnies fut ramené à 15 en 1547. En temps de guerre, de nombreuses bandes étaient levées temporairement, on les nommait « nouvelles bandes » ou « bandes de crue ». Les lances sont tenues élevées, on les disait alors « à découvert » ou « manifestes ». Le page n'a qu'une petite lance dite « genette ». — 4 et 5. Lanciers d'une bande d'ordonnance en 1572. L'abandon de l'armure des jambes permit le renforcement de la cuirasse contre les balles. La mandille à manches flottantes est typique de l'époque 1570-1580. Le lancier de gauche tient sa lance basse, de la façon dite « traînée » et aussi « cachée, secrète ou couverte ». On espérait ainsi tromper l'ennemi et lui faire « sentir le coup de lance » au moment où il ne lui était plus possible de rompre le combat.

ARTILLERIE (I), MILIEU DU XVIe SIÈCLE

(pages 128-129)

Vue d'une position d'artillerie de siège avec sa protection de gabions, basée sur une aquarelle du *Recueil du règlement général de l'ordre et conduite de l'artillerie* par le capitaine Bénédict de Vasselieu dit Nicolas Lyonnais. Quoique daté de 1613, cet ouvrage fut écrit sous le règne de Henri III (1574-1589) et représente l'artillerie du règne de Henri II (1547-1559).

1. Le pointage. Le maître-artilleur est protégé par une planchette spéciale (voir fig. 4) afin d'échapper au tir des guetteurs ennemis. — 2. Le tir. — 3. La préparation au tir. Un artilleur décrasse le canon avec un écouvillon tandis que ses compagnons préparent la charge de poudre. — 4. Bouclier de pointeur (voir fig. 1). — 5. Claie retenant le canon sur sa plate-forme pendant les opérations de chargement. — 6. Fourrage servant de bourre pour la poudre et le boulet. — 7. Cavité recelant la poudre à canon. — 8. Abri de stockage des réserves de poudre à canon. — 9. Arquebusiers d'élite chargés de « couvrir » le chef-artilleur pendant le pointage du canon. Contrairement à la coutume, ils portent des cuirasses à l'épreuve des balles justifiées par leur dangereuse mission. Casques et cuirasses étaient matés, et les vêtements de couleurs neutres, afin d'être moins visibles. — 10. Mortier en position. — 11. Armes d'hast destinées à repousser un éventuel coup de main ennemi.

Embrasures de forteresses au XVIe s. : 12. À redans et à bec. — 13. « À la française ». — 14. À redans. — 15. À rotule. — Les redans, gradins ou ressauts étaient censés arrêter les projectiles ennemis qui, sans cela, auraient pu ricocher et pénétrer facilement dans les embrasures en entonnoir. Le système à rotule, très rare, permettait un tir « tous azimuts » et une protection maximale, d'autant plus que le tireur pouvait, entre deux coups de feu, escamoter son embrasure en faisant pivoter la rotule d'un demi-tour.

1
2
3
A
B
C
D
E
4
5
L. & F. FUNCKEN

9
8
1
10
5
7
6
L. & F.
FUNCKEN

12
13
14
15
9
4
11
2
3
7
5
5

res et la guerre restera, écrit Montluc[1], « affaire de combats, rencontres, escarmouches, embuscades ».

Le duc d'Albe et Alexandre Farnèse pratiquèrent eux aussi la stratégie dilatoire, sans jamais révolutionner l'art de la guerre. Mais ils réussirent à atteindre leurs objectifs par de subtiles manœuvres, fatiguant et désintégrant des armées de mercenaires dénués de conviction, isolant et capturant des villes fortifiées par une habile interception de leur ravitaillement.

Maurice d'Orange, comte de Nassau, âgé de vingt-trois ans en 1590, le plus brillant stratège de son temps, opposa aux redoutables masses espagnoles un dispositif sur trois lignes en échiquier, inspiré de la formation manipulaire des Romains. À la lourdeur héritée des Suisses, il substitua la légèreté et l'articulation nécessaires aux manœuvres rapides, la relève des troupes fatiguées et la possibilité d'un effort soutenu joint à une économie de ses forces. Son armée sera l'école des régiments anglais et français et beaucoup de futurs grands capitaines, dont Turenne, seront les élèves du chef de guerre hollandais.

L'artillerie

Nous avons vu dans le tome précédent comment les premières bombardes du XIVe siècle ont été retirées de l'auge en charpente grossière où on les couchait, comment les moins lourdes d'entre elles, placées sur les premiers affûts à roues, ont acquis de la sorte, dès le milieu du siècle suivant, la silhouette caractéristique du canon moderne. On n'avait cependant pas attendu cette évolution cruciale vers la mobilité pour se servir de l'arme nouvelle sur les champs de bataille, tout d'abord à Crécy en 1346. C'est du moins la date généralement admise, mais le chroniqueur Froissart sur lequel on base cette certitude était âgé de huit ou neuf ans à l'époque et son témoignage est fortement contesté par certains, non sans raison. Plus audacieux encore serait d'attribuer à ces deux ou trois canons un rôle décisif dans la bataille.

Quoi qu'il en soit, l'Angleterre fut probablement, avec l'Italie, un des premiers pays à utiliser l'artillerie de campagne et à lancer des boulets métalliques, les « plommées », lesquels se généralisèrent à partir du milieu du XIVe siècle.

L'artillerie légère, constituée par les « ribauldequins » à canons multiples et à tir simultané, exista dès 1339 à Bruges, et il est fort possible que ces petites pièces aient été débarquées sur le continent par Édouard III. Il faut de toute façon admettre que l'artillerie de campagne du XIVe siècle ne constitua guère plus qu'une curiosité et ne modifia pas le déroulement des innombrables batailles.

Il en fut tout autrement de l'artillerie de siège, puissant outil de l'unification monarchique auquel les plus imposantes murailles féodales ne purent résister. Les terribles brèches ouvertes aux flancs des courtines par cette grosse artillerie, pourtant encore si primitive, firent très vite disparaître les engins de sièges classiques — la dernière tour d'assaut roulante fut utilisée, en France, en 1356. Les engins balistiques anciens poursuivirent cependant leur longue carrière au moins jusqu'au milieu du siècle suivant, conjuguant leurs efforts avec ceux de l'excellente artillerie des frères Bureau et permettant la reconquête de soixante places fortes en seize mois, de 1449 à 1450.

ARTILLERIE (II)

Le pointage pouvait s'effectuer de façon scientifique avec le quadrant (fig. 1 et 3) ou tout à fait empiriquement à l'aide d'une réglette graduée (fig. 2). Beaucoup d'artilleurs se contentaient du « coup d'œil » acquis par une longue expérience. — Les trois canons représentés datent du début du XVIe siècle.

1. Blaise de Montluc (1507-1577) : historien militaire, il connut une carrière guerrière de cinquante-cinq ans, fut blessé vingt-quatre fois au cours de cinq batailles, dix-sept assauts, onze sièges et deux cents combats ou escarmouches !

1
2
3
L. & F. Funcken

Le plus ancien traité français d'artillerie venait d'être écrit en 1430 sous le titre évocateur de *Livre du secret de l'art de l'artillerie et canonnerie,* mais le plus ancien de tous les manuels existait en langue allemande depuis près de quatre-vingts ans et s'intitulait *Die Anleitung Schiesspulver zu bereiten, Büchsen zu laden und zu beschiessen* — Méthode pour préparer la poudre, charger les canons et tirer.

L'artillerie française du XVe siècle fut probablement la plus nombreuse et la mieux organisée de son temps. L'exploitation adroite et l'excellente organisation de l'artillerie par les frères Bureau et le « maître général et visiteur de l'artillerie du roi », Pierre Bessoneau, révolutionnèrent la tactique des batailles et des sièges, brisant l'impulsion jusque-là triomphante de l'homme d'armes à cheval[1], foudroyant les redoutables archers anglais et inaugurant la technique des sièges modernes avec les premières batteries protégées par des barrils de terre, les boyaux de communication et le parc à munitions. Mais, loin à l'est, une autre artillerie, formidable, celle de Mahomet II, avait en 1453 fait s'écrouler les imposantes murailles de Constantinople et un empire multiséculaire.

Le fastueux duc de Bourgogne, Charles le Téméraire, « se devait à honneur » de posséder l'artillerie la plus puissante et la plus nombreuse. À Brusthem, en 1467, l'artillerie légère de Bourgogne écrasa dix-huit mille Liégeois sans l'aide de la cavalerie. Infiniment moins heureux face à l'infanterie suisse, le duc leur abandonnera, devant Granson, quatre cent dix-neuf bouches à feu de toutes espèces. Selon une coutume déjà ancienne, les grosses pièces portaient un nom : le Berger et la Bergère, les Quatre Sœurs, etc., et figuraient dans le butin.

La perfection des affûts de campagne de cette artillerie était remarquable, avec leurs ingénieux dispositifs de pointage[2]. Les grosses pièces étaient transportées sur des porte-corps à quatre roues ou suspendues par des cordages sous les essieux des chariots à treuils à l'aide desquels on les plaçait sur leurs affûts-caisses de type ancien[3].

Le pointage vertical par les tourillons, ces pivots fixés de part et d'autre du canon et grâce auxquels il repose sur son affût, commença à se généraliser vers 1480. Cette invention, qualifiée parfois d'astucieuse, voire de géniale, avait été imaginée vers 1400 comme nous l'avons démontré, mais n'avait pu se développer que grâce aux progrès de la fonderie qui permettaient d'obtenir des tourillons coulés en même temps que le canon et donc parfaitement solidaires de celui-ci. Ce perfectionnement fit abandonner le chargement par la culasse mobile pour les grosses pièces, dégagées de leur antique berceau où il n'était plus possible de fixer solidement la « boîte à feu » si pratique. Les progrès réalisés dans la fabrication de la poudre désormais grenée et beaucoup plus puissante auraient de toute façon fait exploser les culasses mobiles. On se résigna donc très facilement à fabriquer la plupart des canons sous la forme d'un tube fermé à une extrémité, principe qui allait se perpétuer à travers les siècles jusqu'en 1886.

Basculant désormais aisément sur ses tourillons, le canon fut pointé et calé par un coin dans la position désirée, mais le système à crémaillère continua d'être exploité pour les pièces de petit et de moyen calibres, à côté d'autres systèmes plus élaborés que montrent nos illustrations.

1. Jean Talbot « l'Achille anglais » fut tué par l'artillerie française alors qu'à quatre-vingts ans il chargeait à la tête de ses chevaliers devant Castillon (Gironde), le 17 juillet 1453.
2. Voir le tome Ier, page 73, fig. 4, 5 et 6.
3. Voir le tome Ier, page 73, fig. 1, 2 et 3.

ARTILLERIE (III)

1. Canon à mains, 1505. En fait, une énorme arquebuse à croc. On voit le tireur appuyant de tout son poids sur l'affût pour combattre le recul. Cet affût est ingénieusement démontable en deux pièces. — 2. Canon à culasse amovible, vers 1570. Il perpétuait le principe de l'ancien veuglaire (voir le tome Ier, p. 71, fig. 4 à 8), considérablement perfectionné. Mais, inéluctablement voué à l'abandon, il sera supplanté pour plusieurs siècles par le canon se chargeant par la bouche. Son système, quoique pratique, avait le grave inconvénient de laisser échapper une trop forte proportion de gaz d'explosion. — À droite, schéma de la culasse en position avec la gargousse de poudre et le boulet.

1
2
L. & F. Funcken

Les fonderies

L'art de la fonte des canons avait pris une grande importance en Allemagne depuis les premières et minuscules réalisations de la fin du XIVe siècle, mais aux Pays-Bas, les Flandres, le Brabant et la ville de Dinant avaient su développer une industrie multiséculaire.

Les troupes bourguignonnes, pourtant largement nanties d'artillerie, nous l'avons vu, essuyèrent le premier tir de barrage de l'histoire, devant Neuss en 1474, de la part de l'artillerie impériale de Frédéric III de Habsbourg. L'invasion de la France projetée par Édouard IV montre par contre un évident retard de l'Angleterre sur ses rivaux continentaux : en 1475, ses Messenger, Edward et Fowler (oiseleur) étaient encore à culasse mobile et transportés sur des chariots spéciaux.

Les Turcs utilisèrent les derniers canons géants, souvent par groupe de douze pièces. Un fondeur hongrois, nommé Orban, fabriqua le plus gros canon de son temps pour Mahomet II, en 1452 : il mesurait près de neuf mètres de long et lançait à seize cents mètres un boulet d'un diamètre de 0,924 mètre pesant quatre cent cinquante kilos.

En France, la longue expérience acquise par certains fondeurs, comme Simon, permit à Charles VIII de « terrifier l'Italie » par le spectacle de ses cent quarante canons dont douze de fort calibre. Son successeur Louis XII emmènera en 1507 soixante grosses pièces au-delà des Alpes et cinq cents pièces légères et hacquebuttes avec sept cent vingt canonniers.

En Autriche, la fonderie prit son essor sous l'impulsion de deux habiles fabricants d'Innsbruck : Seelos et Endorfer, et dès 1485, sous Maximilien Ier, apparurent des canons abondamment ornementés. La production se développa considérablement et les premiers arsenaux modernes furent créés. La Bavière et le Brandebourg possédaient également une puissante artillerie à la même époque, et l'artillerie germanique était sans aucun doute la meilleure de son temps.

En dépit des améliorations apportées par ses prédécesseurs, l'empereur Charles Quint se trouva, en 1519, en possession d'une foule de pièces de calibres divers en fonte, en cuivre, en bronze et en fer, tirant des boulets de pierre, de fer et de plomb. On imagine la difficulté d'approvisionnement et les erreurs nombreuses qu'entraînait une gamme aussi anarchique. On en était arrivé à devoir marquer chaque pièce et chaque boulet d'un numéro particulier ! Il faut expliquer ce curieux phénomène par le fait que les États composant ce vaste empire étaient dotés chacun de leur propre artillerie.

Charles Quint entreprit de fixer les calibres des pièces qui seraient désormais coulées dans ses États. C'est à Bruxelles qu'eurent lieu les premières expériences, et en 1535, à la suite de nombreux essais, les fonderies espagnoles de Malaga produisirent la première série de quatre canons standards tirant des boulets en fonte de fer de quarante, vingt-quatre, six et trois livres. La mesure fut appliquée sur tout le territoire de l'empire, mais les anciens calibres dits bâtards ne furent complètement éliminés qu'à la fin du siècle. Les canons géants dont l'inefficacité avait été démontrée au siège de Vienne de 1529 par Soliman II le Magnifique étaient abandonnés définitivement. Les fonderies de Belgique fabriquèrent des canons extrêmement réputés. Malines, en particulier, expédia ses productions en Espagne, au Portugal et en Angleterre ; Henri VIII commanda au maître Hans Poppenruyter plus de cent quarante canons, parmi lesquels les fameux Douze Apôtres utilisés dans sa première campagne contre la France en 1511. Charles Quint eut lui aussi ses Douze Apôtres, longtemps des modèles du genre, et le roi de France Louis XII posséda également douze gros canons baptisés de noms de preux.

ARTILLERIE (IV)

1. Dispositif de pointage vertical à vis, 1460. — 2. Orgue-serpentine, fin du XVIe s. Le « barillet » triangulaire pivotait sur lui-même afin de décharger successivement ses trente petits canons. — 3. *Schrympe* (crevette), un ribaudequin anglais de 1544. — 4. Multi-tubes du XVIe s., avec son système de pointage vertical. — 5. Dispositif de pointage vertical à deux positions et horizontal, vers 1500.

L.&F.Funcken

François Ier, l'adversaire malheureux de Charles Quint, donna une impulsion décisive à l'organisation de l'artillerie française, à son accroissement et à sa simplification. Les canons se réduisirent à huit calibres alors que l'Italie en avait encore vingt-six en 1562[1].

Les déchirements de la guerre civile empêchèrent tout nouveau progrès dans l'artillerie française, alors qu'en Allemagne les nouvelles fonderies de Heidenheim, Aschau et Werfsten introduisaient une foule de perfectionnements techniques dans leurs excellentes productions. Le mathématicien Hartmann de Nuremberg avait, pour sa part, imaginé un appareil ingénieux qui permettait de déterminer à coup sûr le poids de tous les types de boulets — pierre, fer ou plomb — d'après le calibre de n'importe quel canon, ainsi que le poids de poudre nécessaire. La bombe explosive à détonateur existait dès 1550 : tirée par un mortier, elle explosait en touchant le sol, comme nos modernes obus.

À la fin du siècle, les grands pays d'Europe avaient limité leur artillerie à six ou sept calibres au maximum, correspondant aux types de canons suivants :

1. Chaque ville de quelque importance avait son artillerie propre, d'où cette diversité.

Type de canon	Calibre (en cm)	Poids du boulet (en kilos)	Poids du canon (en kilos)
Canon renforcé	18	20	4.250
Canon moyen	15	12	3.500
Grande couleuvrine	12	8	2.800
Couleuvrine bâtarde	9	4	2.000
Couleuvrine moyenne	6	1,500	1.200
Faucon	4	0,500	600
Fauconneau	3	0,350	400
Mortier	35	50	3.000

ARTILLERIE (V)

1. Canon sur son avant-train a, avec les palonniers pour l'attelage des chevaux et son système de pointage vertical à crémaillère b à neuf positions, vers 1500. Pour tirer, on enlevait l'avant-train et on posait la crosse de l'affût sur le sol comme le montre le schéma à droite. — 2. Canon de campagne avec son avant-train et son système de pointage vertical, 1518. Le burin magistral d'Albert Dürer n'a négligé aucun détail de l'artillerie de son temps. — 3. Canon à pointage vertical, et horizontal à vis des environs de 1520. Il témoigne de l'inépuisable ingéniosité des ingénieurs militaires de l'époque. Le maître-artilleur procède ici à un pointage minutieux à l'aide d'un quart de cercle à fil à plomb. La science de ces spécialistes, mêlant l'empirisme et la théorie, en faisait des auxiliaires très recherchés.

1
a
b
2
3
L. & F. FUNCKEN

Ce tableau synoptique n'a été composé que pour tenter de donner enfin une idée approximative des caractéristiques moyennes de l'artillerie dans la seconde moitié du XVIe siècle. Les livres anciennes, qui variaient souvent d'une ville à l'autre, n'ont pas simplifié le problème de conversion. Il faut aussi noter que des variations de poids allant jusqu'au tiers en plus séparent le boulet de fer massif et le boulet de plomb, en passant par le boulet de fer creux empli de plomb.

Les munitions

Un des plus extraordinaires projectiles jamais envoyés dans les airs fut sans doute le « boulet »... carré fabriqué en 1346 par un fondeur de fer brugeois !

Plus classique, le boulet de pierre fut utilisé en quantités énormes et dans tous les calibres, bien qu'il eût une fâcheuse tendance à se pulvériser sur les murailles. On lui substitua le boulet de fer dès 1350, mais la balle de plomb de petit calibre avait déjà été employée plusieurs années auparavant. À la fin du XVe siècle, on fit usage du bronze, qui continua à servir à la fabrication des boulets jusque sous Henri IV. Il coûtait évidemment beaucoup plus cher que la fonte de fer. On fabriqua des boulets de pierre recouverts de plomb ou cerclés de fer, mais jamais la pierre ne fut entièrement abandonnée en raison de son prix de revient extrêmement bas. On imagina toutes sortes de projectiles nouveaux, tels les boulets ramés joints ensemble par une chaîne ou une barre, les boulets incendiaires chauffés à blanc ou contenant une substance inflammable. Enfin, l'artillerie légère déchargea sur l'infanterie ses volées de mitraille faite de petits fragments de métal : elles faisaient un peu l'office du moderne shrapnel.

Les affûts

Les illustrations montrent avec quelle rapidité le canon prit l'allure générale qu'il conserve encore aujourd'hui. La façon dont on le transportait est moins transparente que son évolution. De nombreux artistes nous ont laissé une image de trains d'artillerie en marche qui ne peut manquer de surprendre. En effet, dans la plupart des cas, le canon de gros calibre est attelé, suspendu devrait-on dire, à la croupe du cheval par la crosse et roule ainsi en équilibre instable sur les routes ô combien cahoteuses de l'époque ! Les ravissantes aquarelles du manuscrit du capitaine Vasselieu nous montrent les trois plus lourdes pièces de l'artillerie française tractées de cette curieuse façon. Le pauvre cheval attelé le premier à la pièce et dont les reins doivent supporter tout le poids du balourd est quand même aidé dans sa tâche par la traction de six à vingt-quatre chevaux placés devant lui. Pas de trace de timons ni de palonniers dans ces incroyables attelages soigneusement dessinés. Une chose apparaît pourtant à l'examen du texte : si les costumes sont du début du XVIIe siècle, date du titre de l'ouvrage, l'exposé est indubitablement tiré de traités anciens écrits par La Treille, Vigenère et Raconis, remontant à plus de quarante ans. Les illustrations sont posté-

ARTILLERIE (VI)

1. Pièce légère à caissons incorporés, vers 1520. Ceux-ci, comme celui de la figure suivante, contenaient des outils, des pièces de rechange, des rivets, des fers à cheval, etc. — 2. Pièce légère à falconets jumelés, 1505. Le falconet ou fauconneau était le plus petit des « six calibres de France » sous Henri II, au milieu du XVIe s. Le rouge et le noir étaient typiques de l'artillerie de l'empereur Maximilien Ier. — 3. Chargement d'une pièce en 1520. Au sol, à droite, on peut voir une cuillère à poudre, un refouloir et un écouvillon. Les trois tonneaux contiennent les trois composants de la poudre : charbon de bois, soufre et salpêtre. À cette époque, l'artilleur opérait le dosage et le mélange au moment du tir, dans l'auge se trouvant à ses pieds. — 4. Pièce légère du type faucon avec ses accessoires, fin du XVIe s.

1
2
3
4
L. & F. FUNCKEN

rieures au manuscrit et le dessinateur a traduit en images ce que le texte lui inspirait. On remarque par ailleurs un avant-train tiré par quatre chevaux, que la légende manuscrite nomme « roues hautlepied pour canon ». Il nous semble dès lors évident que l'illustrateur ne connaissait même pas l'utilisation de cet engin.

Des représentations fantaisistes du même style ont induit en erreur quantité de spécialistes : certains font ainsi reculer l'usage de l'avant-train en Angleterre... jusqu'en 1680 ! Les grands illustrateurs allemands, comme Dürer, Pfintzig et Glockenthon, ou l'Italien Petrarqua ont montré cet engin dès le début du XVIe siècle et il est plus que probable qu'avec les premiers canons sur roues de la fin du siècle précédent, sous Louis XI, on utilisait déjà ce petit chariot tout simple ! La traction chevaline, pratiquée depuis des temps immémoriaux, avait atteint depuis longtemps la quasi-perfection, notamment en Europe centrale d'où le chevalier-chroniqueur français Bertrandon de La Broquière, au XVe siècle, ramena une description détaillée des techniques d'élevage et de transport.

Le nombre énorme de chevaux est également très suspect. On cite couramment des chiffres de trente à cinquante-six chevaux pour une grosse pièce, mais un cheval de trait moyen « arrache » quatre cents kilos au démarrage et quatre chevaux peuvent tirer une tonne sur quarante kilomètres en neuf heures de temps. La plus grosse pièce de Vasselieu et ses quatre mille kilos se contentait donc très vraisemblablement de beaucoup moins de chevaux.

Les fortifications

Peu de changements survinrent dans ce domaine au cours des cent années qui suivirent l'apparition du canon et l'on se contenta d'adapter les anciennes archères au tir de l'arme à feu.

Au XVe siècle, on commença à construire ou à aménager des casemates pour l'artillerie. Leur ventilation généralement sommaire ne devait pas permettre un tir soutenu, car l'oxyde de carbone dégagé par les explosions était extrêmement dangereux. La plupart des châtelains renoncèrent à transformer leurs forteresses désormais indéfendables, tandis que d'autres places fortes, en particulier les cités frontières « emmuraillées à l'antique », s'adaptèrent au nouveau style de la guerre de siège. On abaissa les murailles tout en les élargissant pour supporter une imposante artillerie. Ces spectaculaires masses de terre soutenues par d'épaisses maçonneries étaient flanquées de casemates basses et la base des tours recevait un renfort de terre. Dans les Pays-Bas, l'eau servit à inonder le pied de remparts de terre battue à relief peu élevé. Ailleurs, on détourna parfois une rivière : Padoue, Sienne, Metz, Vienne et bien d'autres cités parvinrent ainsi à résister aux pires assauts.

La technique de l'assiégeant évolua également : on commença à mettre au point les tranchées d'approche, les coffrages et les plates-formes des batteries que l'illustre Vauban allait, plus tard, pousser jusqu'à la perfection[1].

1. Malgré ces progrès, l'astrologie était encore utilisée couramment. Michel de Nostradamus, second fils du célèbre astrologue, fut exécuté sommairement en 1574 devant Le Pouzin en Vivarais, pour avoir tenté de provoquer lui-même l'incendie de la ville qu'il avait prédit, alors qu'elle avait été prise intacte !

ARTILLERIE (VII)

1. Transport d'un mortier de gros calibre avec deux de ses boulets, vers 1510. — 2 et 3. Système de pointage vertical à l'aide d'un cabestan, sur deux modèles de 1550.

1
2
3
L. & F.
FUNCKEN

SIXIÈME PARTIE

SLAVES ET ORIENTAUX

L'armure de mailles pleines en forme d'écailles était portée par les Perses depuis l'époque achéménide — de 550 à 330 avant J.-C. — et revêtait également les chevaux de caparaçons de bronze poli.

La maille annulaire apparut beaucoup plus tard, au temps des Sassanides — entre 226 et 651 après J.-C. —, sous la forme de camails et de cottes semblables à ceux de nos ancêtres[1] avec, pour compléments, des jambières et des brassards de bronze poli en forme de gouttière. Les casques bulbeux apparurent au même moment; ils reçurent aux environs de l'an 900, sur leur sommet, un ornement sphérique puis aigu. Vinrent ensuite l'armure de torse faite de plaques carrées typiques, dite *char-aïna* (quatre miroirs), et le casque à nasal, le *kulah-khud*.

Cette sorte d'armure se répandit des Indes à tout le Proche-Orient, apportée par les conquérants mongols. Les musulmans la décorèrent de subtiles arabesques et de citations du Coran, en caractères coufiques d'abord, puis cursifs, s'abstenant totalement de représenter la figure humaine interdite par le Coran.

L'armure complète n'exista jamais en dehors de l'Europe occidentale, mais les Turcs imaginèrent une forme allégée dite « jaseran » ou plus exactement *djezireh* (île), faite de petites plaques d'acier reliées par des mailles entrelacées. La cotte de mailles étant appelée *gâdir* (étang), le *djezireh* figurait donc les îles flottant sur un étang.

Tous les pays de l'Est jusqu'aux frontières de l'Allemagne et de l'Autriche adoptèrent les armes et les armures orientales en changeant quelque peu leur style et en supprimant évidemment leurs caractéristiques islamiques. En Autriche même, de grands seigneurs ne dédaignèrent pas de revêtir les superbes harnois empanachés à la façon des janissaires, qui étaient à la mode en Hongrie.

1. Il est évident que les Croisés durent ramener en Europe une grande quantité de ces vêtements de mailles à une époque où nous avions pratiquement perdu l'art de leur difficile fabrication.

Plus loin, en ces contrées où les principautés danubiennes, embryons de la moderne Roumanie, luttèrent farouchement au XVe siècle contre le Turc, la cavalerie cuirassée des *pantzirs* de la garde d'Étienne le Grand porta le casque en oignon et le jaseran.

Les Russes

Dans l'immense et lointaine Russie demeurée longtemps barbare, le harnois de guerre de type oriental fut le seul en usage. Fait extraordinaire et révélateur, certaines peuplades des républiques soviétiques de l'extrême sud-est le portèrent jusqu'en 1940 !

Le renforcement de la maille par des plaques — c'est-à-dire le jaseran — était réservé à l'élite, tout comme l'armure de torse « à miroirs » des Orientaux. Un casque très curieux, dit *misourka*, se composait d'une sorte de soucoupe protégeant le crâne et d'un cylindre de mailles dans lequel se glissait la tête.

RUSSES ET HONGROIS

1. Hussard hongrois, XVIe s. — 2. Cavalier russe, XVIe s. On remarquera le fouet, inséparable du cavalier, assuré par une courroie à l'auriculaire droit; l'auriculaire gauche se glissait dans un trou pratiqué dans la bride lorsqu'on voulait utiliser l'arc. — 3. Cavalier lourd hongrois, fin du XVIe s. L'armure, d'origine turque, est un superbe exemple du type dit « jaseran » en usage dans tout l'Orient depuis les premiers siècles de notre ère et perfectionné peu à peu ainsi qu'il en fut pour l'armure occidentale. — 4. Fantassin russe, XVIe s. Le haubergeon dit *badiana* constitue l'essentiel de son armure. Il est renforcé par une plaque abdominale. Les cuisses et les genoux sont protégés par une cuirasse de jaseran. L'arme est une doloire de la fin du XVIe s., dite *berdych* en Russie, en français : berdiche ou bardiche.

Casques russes : 5. Casque du prince Iaroslav, début du XIIIe s. Aujourd'hui le camail de mailles et le « visage » n'existent plus. C'est le plus ancien casque russe connu. Il est en fer recouvert de cuivre et décoré de plaques d'or. — 6. Chapel de fer byzantin, XIIIe s. — 7. Casque à visière, XVIe s.

1
2
3
4
5
6
7
L. & F. FUNCKEN

Sur le devant, une découpe carrée dégageait le nez et la bouche; le guerrier regardait au travers des mailles. Souvent un renfort de jaseran circulaire protégeait le pourtour du crâne. Le bouclier le plus répandu était de forme ronde et se nommait *kalka*.

En hiver, le soldat russe endossait la houppelande matelassée. Elle était semblable au cafetan qui, dans la cavalerie, remplaçait la maille coûteuse et sans doute rare.

Seuls les feudataires et les hommes libres servaient dans l'armée, sans solde d'abord, puis, au début du XVIe siècle, moyennant salaire. Ce fut le début de l'armée permanente, forte en 1584 de quinze mille cavaliers, que pouvaient renforcer au besoin soixante-cinq mille hommes montés. Chaque régiment ou *polk* était commandé par un *golova* (tête). Extrêmement frugal, le soldat emportait du millet écrasé, dix livres de porc salé et un peu de sel mélangé, pour les plus riches, de poivre.

Mal instruit et peu discipliné, le combattant russe manquait de ténacité. Si la première charge furieuse s'avérait infructueuse, il tournait bride. Les récompenses et les honneurs n'existant pratiquement pas, rien ne l'incitait à faire de grandes prouesses. Un chroniqueur anglais du XVIe siècle, particulièrement perspicace, avait pourtant pressenti ce qu'une formation militaire sérieuse aurait pu obtenir; son jugement s'est amplement confirmé!

La tactique fut longtemps celle des Tartares, faite de ruées soudaines et de retraites précipitées. L'infanterie n'apparut, timidement, qu'au début du XVIe siècle et ce n'est qu'en 1550 que le tsar Ivan IV créa les premiers régiments de strélits (tireurs); en 1586 on en comptait douze mille servant à pied ou à cheval, avec une infanterie de mercenaires étrangers forte de huit mille cinq cents hommes. L'artillerie, fondue sur place par des Italiens et des Allemands, fit son apparition durant les premières années du XVIe siècle mais ne joua jamais un rôle efficace.

Une très curieuse muraille roulante fut utilisée contre les Polonais à la fin du siècle. Longue de près de dix kilomètres, elle se composait d'une file de chariots-casemates en bois mus par des chevaux logés à l'intérieur, et qui abritaient des tireurs. On peut compter ces engins parmi les grands ancêtres du char d'assaut.

Le zémaïtouka — croisement du cheval sauvage de Mogolie et du cheval arabe — et le bachkir — du type de la steppe ou de la montagne — ou encore le kazak marchant parfois à l'amble furent les montures infatigables du cavalier russe. Leur taille était en moyenne de 1,30 mètre au garrot. Rarement ferrés et vivant de rien, ils étaient capables de fournir des randonnées de trois cents kilomètres par jour!

La méthode de dressage des chevaux sauvages consistait à faire galoper le captif jusqu'à ce qu'il s'écroule d'épuisement. On le garrottait aussitôt étroitement, on ligaturait ses oreilles et ses nasaux à l'aide d'un fin lacet, la docilité n'étant obtenue que par la douleur. Telle était pourtant la vitalité de ces chevaux[1] que deux sur dix s'avéraient encore indomptables après ce cruel traitement[2].

1. Peut-être des tarpans particulièrement intraitables, agressifs et tenaces, disparus à la fin du XVIIIe siècle.
2. Traitement appliqué encore au début du siècle dernier en Ukraine et probablement très répandu en Russie chez les races primitives. Les chevaux de guerre russes étaient généralement des hongres, c'est-à-dire des chevaux châtrés, au caractère adouci par cette pratique très ancienne.

CHINE ET JAPON, XVIe SIÈCLE

1. Soldat chinois de la division d'élite des Tigres. Le bouclier est fait de roseau roulé en spirale. C'est le *ton-pey*. — 2. Porte-étendard d'une section d'arbalétriers chinois avec son arme à répétition et son levier d'armement (8 à 10 flèches). — 3. Archer de la Garde impériale chinoise. — 4. Samouraï, début XVIe s. Sur son casque à demi-masque nommé *mempo* figure le *kuwagata*, ornement stylisant les feuilles d'une plante aquatique. Son armure lamellée est du type *do-maru* (cercle du corps). À sa ceinture, la paire de sabres dite *daisho*. — 5. Samouraï vêtu d'une armure du type *tosei-gusoki* (cuirasse en une seule pièce), seconde moitié du XVIe s. (Voir fig. 8.) — 6. Casque du type *mempo* à demi-masque, XVIe s. Le nez est amovible. — 7. Casque du type *so-men* à masque complet, XVIe s. — 8. Casque du type *so-men*, XVIe s. Il appartient à l'armure de la fig. 5.

1
2
3
4
5
6
7
8

Tartares et Mongols

Le nom de Tartares, ou plus exactement de Tatars, désignait une tribu mongole au temps de Gengis Khan, mais dès le XIIIe siècle on l'appliqua à une série de tribus turques.

Parmi les authentiques tartares, les Nogaïs de Crimée ne furent tributaires de la Russie qu'en 1783. Grands chevaucheurs devant l'Éternel, véritables pirates des steppes, ils avaient une extraordinaire habileté dans l'art de brouiller leur piste. Pour opérer une razzia, les Nogaïs se portaient en un groupe de quatre cents cavaliers à environ quatre-vingts kilomètres de l'objectif choisi. Ils se divisaient alors en quatre groupes de cent marchant chacun vers un des quatre points cardinaux. Après cinq kilomètres de marche, chaque bande de cent se divisait en trois groupes, l'un continuant droit devant lui, les autres choisissant des routes opposées perpendiculaires à celle du premier groupe. Trois kilomètres plus loin, chaque groupe se divisait en trois pelotons qui s'écartaient les uns des autres en patte d'oie sur une distance de deux kilomètres. Toutes ces opérations étaient effectuées à l'aide d'une boussole primitive et ce précieux instrument servait alors aux quatre cents pillards éparpillés aux quatre points cardinaux pour effectuer la chevauchée finale qui allait leur permettre de se rassembler au point fixé à l'avance, situé à proximité du village qu'ils voulaient frapper. Toutes ces manœuvres avaient l'énorme avantage de déjouer le pistage du meilleur cosaque à travers les herbes hautes de la steppe, car les pistes divergentes augmentaient, se multipliaient en tous sens et les derniers pelotons de onze cavaliers ne laissaient plus derrière eux qu'un labyrinthe de trente-six pistes à peine visibles!

Sous la domination turque, les Tartares étaient groupés en *kazans* (marmites, groupes de soldats mangeant dans le même chaudron) commandés chacun par un *mirza*; celui-ci était nommé par le khan, lui-même soumis au sultan. Les Nogaïs faisaient un lucratif commerce d'esclaves qu'ils vendaient par lots de trente mille sur les marchés de Sinop, de Trébizonde et de Constantinople.

Acculés par des forces supérieures, les Tartares, qui n'acceptaient le combat qu'à dix contre un, se rangeaient en demi-cercle, chargeaient puis se dispersaient soudain en tous sens en décochant leurs flèches derrière eux. Les Polonais appelaient cette tactique « la danse tartare ».

Il faut parler aussi des Mongols, les fameux conquérants dont l'empire avait été fondé en 1206 par Gengis Khan, rétabli par Tamerlan en 1369 puis par Baber en 1505.

Ils se groupaient par *arban* (peloton de dix hommes). Dix *arbans* formaient un *djaghoum* (escadron), dix escadrons un *minggan* (régiment) et dix régiments un *tumen*, une division de dix mille hommes. La tactique se basait sur la ruse, la rapidité et la terreur qu'inspirait l'extermination.

ORIENTAUX (I)

1 et 2. Provocateurs turcs dits *deli*. Ils faisaient office de hérauts et portaient à l'ennemi les défis et les sommations du sultan. — 3. Officier des éclaireurs dits *carpici* de la cavalerie des janissaires. — 4. Cavalier régulier turc *(alkans)* avec un étendard orné du sabre d'Ali, emblème sacré entre tous. Le vert était la couleur du prophète, mais les étendards et les drapeaux turcs existaient en grand nombre et en toutes couleurs, sans compter les *thougs* en queues de cheval caractéristiques, indiquant le rang des chefs (voir fig. 1). — 5. Cavalier volontaire turc. — 6. Sipahis de la cavalerie des janissaires. — 7. Guerrier persan du XVIe s. Il porte la cuirasse en quatre pièces appelée *char aïna* (quatre miroirs). Le casque, le *kulah-khud* typique, et l'armure furent portés pendant des siècles. — 8. Maure d'Espagne au XVe s. Son arme est un *nimcha* marocain.

1
3
4
2
5
6
7
8
L. & F. FUNCKEN

Les Turcs

La période de la grandeur militaire des Turcs s'inscrivit entre 1300 et 1550[1]. L'armée se composait en grande partie de mercenaires, souvent européens, et d'irréguliers, les *bachibouzouks* (qui n'ont point de tête, de chef) à pied et les *akibis* à cheval. Les *sipahis* à cheval et les janissaires représentaient les troupes d'élite du sultan. Les janissaires furent au plus haut de leur force, au XVIe siècle, environ quinze mille.

L'unité tactique de base était l'*orta*, qui variait selon l'époque de cent à trois mille hommes. La cuillère de bois contenue dans l'étui du chapeau était un des insignes traditionnels du janissaire. Chacun des grades correspondait à une fonction culinaire : chef de compagnie — maître cuisinier, premier officier — grand distributeur de soupe. Le sultan était le « père nourricier » !

La marmite *kazan* était le drapeau de l'*orta*. La laisser capturer était une honte, la renverser signifiait la révolte[2].

La cavalerie, de loin la plus grande part de l'armée, alignait dix à douze mille chevaux en 1520. Le *sipahi* avait une suite de deux à six cavaliers, à l'instar de la « lance » européenne.

L'artillerie, apparue dès 1364, était formidable. Elle est évoquée à diverses reprises dans les deux tomes de cet ouvrage.

Les chevaux, superbes, étaient de races variées. Le demi-sang arabe de la Caspienne pouvait couvrir huit cents kilomètres en six jours. Les arabes les plus aptes à la guerre provenaient du Kurdistan et de la Perse; un type plus lourd, le turcoman, était également utilisé. Les plus beaux pur-sang arabes étaient élevés au Hedjaz, les plus robustes au Yémen, les plus nobles d'allure au Neguev, les plus vifs en Égypte. Les plus belles robes se trouvaient en Syrie.

Un mot pour terminer sur la bannière sacrée du Prophète. Sa soie verte mesurait quatre mètres de long et sa hampe se terminait par un poing fermé en or, contenant un livre du Coran écrit de la main du calife Omar, deuxième successeur de Mahomet. La souiller d'un seul regard chrétien signifiait l'exécution immédiate.

1. À l'origine, la prière appelée angélus recommandait à Dieu les chrétiens luttant contre Mahomet II, au XVe siècle.
2. La création de l'armée turque moderne en 1826 provoqua le renversement de la marmite... et le massacre total des janissaires.

La Chine

Les armées chinoises furent longtemps dominées par les troupes tartares mandchoues, alors les seules à mériter le titre de soldat.

L'usage de désigner les corps de troupes par des pavillons de couleurs différentes semble remonter à la plus haute antiquité. Nos recherches nous ont fourni à ce sujet des informations fragmentaires, difficiles à classer chronologiquement.

Les troupes d'élite mandchoues avaient le pavillon jaune, les Mongols le blanc, les Chinois le rouge,

ORIENTAUX (II)

1. Caporal dit *onbachi*. L'étui ornemental de la coiffure contenait la cuillère à soupe. — 2. Artilleur turc dit *jopegs*. — 3. Lieutenant dit *karakoulloutchi*. Sa coiffure est ornée de la grande palme du courage, décoration enviée. — 4. Archer de la Garde dit *solachi*. — 5. Simple janissaire. — 6. Janissaire à cheval dit *ulufage*. — 7. *Noumdji* ou capitaine des gardes du corps. — 8. L'agha, chef suprême des janissaires. Le turban ne prit ces dimensions qu'après la prise de Constantinople, en 1453. — 9. Capitaine dit *bolucbassa* portant la grande louche qui, après la marmite, était le symbole le plus sacré des janissaires. Le condamné à mort qui réussissait à la toucher était aussitôt gracié.

Tous sont des janissaires, excepté la fig. 2.

1
2
3
4
5
6
7
8
9

les prisonniers de guerre et les mercenaires, le vert. On trouve ensuite des troupes d'élite tartares rassemblées sous des étendards jaunes, blancs, rouges et bleus, le vert désignant les Chinois. Les vestes sont d'une couleur assortie à l'étendard. On relève pour finir la distribution suivante : jaune - cavalerie, blanc - archers et arbalétriers, vert - piquiers, bleu - rondachiers, rouge - arquebusiers, noir - artilleurs.

Les neuf rangs des officiers se marquaient par une boule posée sur le sommet de la coiffure. Parcourant l'échelle des grades, on avait successivement une boule de couleur rouge, bleu clair, bleu foncé, en cristal, en pierre blanche et en or. Quelques modifications différenciaient les trois derniers grades. Des pectoraux ornés d'animaux, dragons, lions, licornes, etc., précisaient l'ordre hiérarchique.

L'armement et l'équipement démontrent un immobilisme archiséculaire. Les guerriers d'élite portaient depuis le IVe siècle une sorte de cafetan à épaulières plus ou moins cuirassé de plaquettes de fer ou de cuir laqué, le *kwei-kya,* sans doute inspiré des Mongols.

Bien qu'ils aient connu les bombes et les fusées incendiaires à poudre plusieurs siècles avant l'Europe, les Chinois n'utilisèrent les armes à feu qu'au XVIIIe siècle, et ils leur préféraient encore l'arc et l'arbalète au milieu du siècle dernier.

Le Japon

L'immobilisme du Japon en matière d'armement est encore plus frappant que celui de la Chine. L'arme à feu, introduite par les Portugais et les Hollandais, en est une parfaite illustration.

Adoptée au début du XVIe siècle, l'arquebuse à mèche devint une arme à la crosse à peine recourbée et au canon finement décoré, en accord avec la simplicité, la pureté de ligne japonaise. N'ayant accepté le retour des étrangers qu'en 1860, les Japonais adoptèrent le fusil à percussion au fulminate, enjambant ainsi plus de deux cents ans de l'évolution d'une arme qui, chez eux, n'avait pas progressé d'un pas !

L'armure japonaise, infiniment moins solide que l'européenne, connut son unique phase évolutive au XVIe siècle, lors de l'apparition des Européens revêtus de cuirasses légères. Frappés par ces défenses du torse lisses, les samouraïs adoptèrent « la cuirasse en une seule pièce » dite *tosei gusoki,* et un peu plus tard les « plates » de petit format sur le bras et l'avant-bras de l'armure, *o-tataage no suneate.*

L'armure classique *do-maru,* la plus ancienne, faite entièrement de rangées de plaques assemblées en groupes de sept par un complexe et très décoratif laçage de soie, remonte au moins au XIIIe siècle et dut probablement équiper les premiers samouraïs des Xe et XIe siècles. Les lamelles de métal, de cuir, voire de carton, étaient laquées de toutes les couleurs et nuances imaginables, parfois incrustées d'or ou entièrement dorées. La beauté barbare des armures japonaises en fait le clou de beaucoup de musées[1].

Le casque à masque n'apparut, nous semble-t-il, que sous l'influence des premiers Européens, de même que le casque du style cabasset, le *bachi* à l'épreuve des balles. L'ornement en forme de cornes dit *kuwagata* avait à l'origine une forme plus grêle et plus élancée; il semble désigner les guerriers de marque au sein de la cavalerie.

L'infanterie, casquée et cuirassée de façon identique, avait cependant les jambes et les pieds nus au XIIIe siècle. Mais on la vit aussi vêtue de la seule armure de torse et des jambières, avec des manches et culottes bouffantes et un bonnet de feutre noir conique. Par la suite apparaissent les sandales ou les chaussures en fourrure d'ours, les fourreaux de fourrure d'ours et de panthère comme les schabraques des chevaux : tout cela ajoutait une note décorative et barbare à l'impressionnant aspect de ces terribles guerriers.

La cruauté la plus implacable était monnaie courante, et les têtes des ennemis enfilées en macabre chapelet sur les longs sabres. Empressons-nous de souligner que cet horrible usage était tout aussi allégrement pratiqué chez nous en plein XVIe siècle : les colliers de fragments humains paraient parfois la soldatesque de notre continent « civilisé », au temps de la Renaissance!

L'arc de 2,20 mètres de long à poignée excentrique, puis l'arc composite asiatique, étaient les armes classiques de tous les guerriers de la plus modeste classe des kumebe à celle des samouraïs. Le sabre *katana* porté avec le sabre *tachi* formait l'ensemble dit *daisho,* typique des samouraïs. Le premier modèle se portait avec le tranchant tourné vers le bas, le second dans le sens inverse. Tous les autres sabres, tels que le *sho-to,* le *katana* et le *wakizashi*, étaient comme les premiers cités d'une qualité et d'une trempe extraordinaires, capables de trancher sans s'émousser de gros clous, des lingots de cuivre et, à plus forte raison, le corps d'un être humain.

Le cheval, extrêmement modeste de taille, avait été importé au Japon au IIIe siècle. On le chaussait de sandales à lanières en guise de fers. Il fut parfois caparaçonné de mailles annulaires au XVIe et au XVIIe siècle. Les selles et les étriers en bois étaient extrêmement légers et magnifiquement travaillés, comme l'était tout le restant de l'arsenal nippon.

1. Leur poids est généralement faible par rapport aux armures européennes. Nous avons possédé une armure du type *tosei-gusoku* qui n'atteignait pas cinq kilos, casque compris.

Voici terminé le second voyage que nous avons proposé à travers les siècles du commencement de notre histoire. Les chevaliers et les soldats ne nous ont sans doute pas toujours montré l'image idéalisée que nous évoquons le plus souvent, mais, pendards ou figures de légende, ce sont eux qui ont découvert le sens du mot nation.

« Mais vous n'avez eu que de coups,
De la pluie, du vent et des poux
Dont vous n'étiez pas à votre aise! »

chantaient les soudards revenant de la guerre, sans se douter qu'ils construisaient l'Europe.

Table des matières

Imprimé en Belgique par Casterman, s.a., Tournai.
D. 1978/0053/151.